Boisguilbert, Pierre Le Pesant de

Testament politique de monsieur de Vauban, maréchal de France

Tome 2

TESTAMENT
POLITIQUE
DE MONSIEUR
DE
VAUBAN,
MARECHAL DE FRANCE,
& premier Ingenieur du Roi.

DANS LEQUEL

Ce Seigneur donne les moiens d'augmenter
confiderablement les revenus de la Couronne, par l'établiffement d'une Dixme
Royale ; & fuppreffion des Impots, fans
apprehenfion d'aucune revolution dans
l'Etat.

TOME SECOND.

M. DCCVII.

TESTAMENT
POLITIQUE
DE Mr DE VAUBAN,
Maréchal de France, &c.

Où l'on fait voir qu'il est tres-facile
de faire recevoir au Roi quatre-
vingt millions par dessus la Capitation, praticables par deux heures
de travail de Messieurs les Ministres, & un mois d'execution de la
part des Peuples, sans congedier
aucun Fermier general ni particulier, ni autres mouvemens que de
rétablir quatre ou cinq fois davantage de revenu à la France,
c'est à dire, plus de cinq cens
millions sur plus de mille cinq
cens aneantis depuis 1661, parce
qu'on fait voir clairement en même tems, que l'on ne peut faire
d'objection contre cette proposition, soit par raport au tems & à

la conjonĉture , comme n'étant
pas propre à aucun changement,
foit au prétendu peril , rifque, ou
quelques autres caufes que ce puiffe être , fans renoncer à la raifon
& au fens commun , en forte que
l'on maintient qu'il n'y a point
d'homme fur la terre , qui ofe
mettre fur le papier une pareille
contradiĉtion , & la foufcrire de
fon nom , fans fe perdre d'honneur : & l'on montre à même tems
l'impoffibilité de fortir autrement
de la conjonĉture prefente.

CHAPITRE PREMIER.

IL parut il y a quelque tems, autant
par hazard que de deffein preme-
dité, au moins à l'égard du Public, un
Memoire ou Traité intitulé *Le Détail
de la France*. Bien qu'il fift voir la
facilité que le Roi avoit fans rien
déconcerter, de lever toutes les fom-
mes neceffaires dans la conjonĉture
du tems, en procurant même l'utilité
de fes Peuples : Il n'a eut aucune

reüffite , & même on n'y a pas fait la moindre attention.

L'Auteur n'en esperoit pas davantage , & il l'a marqué en termes exprès. La raison de cela étoit , qu'il y avoit encore , pour ainfi dire , de l'huile dans la lampe : le motif ou les caufes de la ruine de la France, par les furprifes que l'on faifoit à Meffieurs les Miniftres , avoient encore par devers eux dequoi paier amplement les Entrepreneurs , comme eux pareillement affez de profit pour acheter de la protection. Mais aujourd'hui que le tout a pris fin faute de matiere, on doit prefumer un fuccez moins traverfé, parce qu'il y aura moins d'interêt à contredire les propofitions paffées, ou plutot une néceffité abfoluë de les admettre ; c'eft pourquoi on offre de la part des Peuples, fans craindre d'être defavoué, tous les befoins du Roiaume à quelque fomme qu'ils puiffent monter , tant fur terre que fur mer, pour mettre fes ennemis dans la neceffité de n'atendre la paix que de la juftice & de la moderation de Louis le Grand , comme par le paffé.   A 3

On maintient encore une fois, que s'il ne tient qu'à quatre-vingt millions par an pardessus les tributs ordinaires, & même davantage, sans compter la Capitation en l'état qu'elle est ; la chose sera bien-tôt faite, & cela sans nul déconcertement ni rupture d'aucun Traité que le Roi aie fait avec qui que ce soit, & faisant même beaucoup moins de mouvemens qu'il n'y en eut, bien qu'il ne s'en trouvât aucun, lors du premier établissement de la Capitation.

On parle avec d'autant plus de hardiesse & de certitude dans toutes les circonstances qui acompagnent cette proposition, que ces quatre-vingt millions ne seront que l'effet de plus de cinq cens, que Sa Majesté aura rétablis à ses Peuples par deux heures d'atention de Messieurs ses Ministres, & quinze jours d'execution chez les Peuples, ainsi que l'on a dit, aux conditions marquées.

Que l'on suspende un peu l'idée de ridicule & d'extravagance, que peut jetter une pareille proposition dans l'esprit d'une infinité de monde.

Que l'on songe que le grand Saint Augustin & Lactance, celebres Auteurs, n'ont pas aquis bien de l'honneur à traiter de foux & d'insensé un Evêque nommé Virgile, qui de leur siecle vint annoncer les Antipodes.

Christophe Colomb reçût le même traitement en presque toutes les Cours de l'Europe, avant que d'être écouté & aidé par quelque particulier en Espagne.

Copernic du dernier siecle fut menacé du feu par toute la Theologie, sur l'exposition de son Sistême, quoi qu'aujourd'hui le plus universellement reçû.

L'Auteur des quatre-vingt millions est dans une bien plus heureuse situation, que n'étoient pas tous ces grands hommes : non-seulement il n'est pas seul de son avis, comme eux ; mais il maintient qu'il n'est que l'Avocat de tout ce qu'il y a de Laboureurs & de Commerçans dans le Roiaume, c'est-à-dire, de tous ceux qui sont la source & principe de toutes les richesses de l'Etat, tant à l'égard du Roi que des Peuples.

En sorte que pour temperer d'abord la grande vocation qu'on auroit à traiter ces discours de vision , & en rejetter même une grande dose dès l'abord sur les contredisans ; le Procez va rouler entre les Laboureurs & Marchands , de qui seuls partent toutes sortes de paiemens , tant envers le Prince que les proprietaires , & ceux qui n'ont d'autre fonction que de recevoir.

Ces premiers disent & publient hautement qu'ils sont prêts de paier les sommes marquées au titre de ce Memoire , aux conditions mentionnées, qui ne tiennent à rien, puis qu'il ne s'agit que d'un simple acte de volonté de la part des personnes , que l'on sait bien être en pouvoir de faire ce qui leur plaît : Et les Parties adverses sont ceux à qui on ne demande autre chose que de recevoir , qui disent , & croient même marquer par là leur sagesse & leurs lumieres , que ces paiemens sont impossibles.

Or on peut voir sur qui de ces deux personnages le ridicule doit tomber, par l'exemple des Lettres de Change.

Un Sujet qui feroit porteur d'un papier de cette nature pour la valeur de mille livres fur un riche Marchand, pourroit-il fans extravagance lui en faire fignifier la proteſtation, aprés que l'autre lui auroit dit qu'il eſt prêt d'en faire le paiement, & l'auroit même fommé de le recevoir ?

Voila les loix & le point de droit furquoi va rouler toute la queſtion. L'Auteur de ces Memoires ne veut paſſer que pour un extravagant achevé, s'il fe méprend, & ſi il n'eſt pas avoüé par tous les Peuples dans ſes propoſitions. Il confent d'encourir cette peine, & même d'être mis aux lieux où l'on renferme les infenſez, au cas qu'il ne rencontre pas juſte. Et pour l'en convaincre il n'exige pas de forts raiſonnemens, & qui aient à peu prés autant d'aparence que les ſiens, mais il declare d'abord qu'au cas que tout ce qu'on lui poura objecter contre ſes offres, ou plûtôt celles des Peuples, ſoit par l'impoſſibilité abſoluë, ſoit pour le tems, comme n'étant pas propre à aucun changement, ſoit pour le peril, ſoit

pour le déconcertement ; au cas, dis-
je, que ces objections ne foient pas
une extravagance achevée étant mifes
par écrit, à faire horreur au Ciel & à
la Terre, & qu'elles puiffent trouver
quelqu'un pour les figner, d'être lui-
même traité de la maniere qu'il vient
de confentir, ce qu'il réïterera prefque à chaque page de cet Ouvrage,
de peur que l'on ne l'oublie.

Comme le mot d'extravagance va
fouvent être emploié dans ces Memoires, bien que ce ne foit pas une expreffion que la politeffe & la civilité
fouffrent ordinairement, ni dans les
écrits entre les honnêtes gens ; on eft
obligé avant que d'entrer en matiere,
de faire une petite digreffion pour
marquer en même tems & la neceffité
de fon ufage dans cette ocafion, &
purger auffi l'idée d'injure que l'on y
voudroit fupofer, à l'égard de ceux
envers lefquels on s'en pourra fervir.
Pour le premier, comme la France a
actuellement la gangréne, ou fi on
veut la pierre dans les reins, il faut
pour fa guerifon ufer d'incifions dans
le vif, & d'operations trés-violentes

dans les parties les plus nobles , les
remedes ordinaires n'étans plus de
saison , & se trouvans beaucoup au-
dessous de la force du mal.

Or toute autre expression pouvant
laisser l'idée , sinon d'une vision , au
moins d'un problême , dans ce que
l'Auteur de ces Memoires propose , à
l'égard de tout ce qui n'est pas Laboureur ou Marchand , c'est-à-dire , le
beau monde ; il seroit difficile que
qui que ce soit de ce genre , s'em-
barquât à penetrer dans ses raisons,
& à en porter un jugement certain,
pour faire le procez à de si illustres
prejugez , & à de si pretendus grands
hommes , dans la pensée qu'après
beaucoup de peine & de travail , on
ne trouveroit que de l'obscurité , qui
est plus qu'il n'en faut pour faire traiter l'Auteur de visionnaire.

C'est dans ces ocasions que l'on se
fait un plaisir de croire que les faits les
plus évidens sont des faussetez , où
l'on se ferme les yeux dessus ; & après
le avoir en quelque maniere brûlez,
on contredit les consequences les plus
certaines qui s'en tirent , pour se per-

suader à soi-même, & le vouloir le
faire croire aux autres, qu'il n'est pas
à presumer que des gens si éclairez &
si zelez pour le service du Roi & du
Public, aient commis de si lourdes
fautes, qu'ils avoient des raisons à
eux seuls connuës, que si on les sa-
voit, on ne les calomnieroit pas de
la sorte ; qu'il est de la justice de ne
pas condamner des gens sans les entendre, sur tout quand ils sont morts,
ce qui les met hors d'état de défendre
leurs interêts & d'aprendre les motifs
particuliers de leur conduite.

La situation presente, ou plûtôt
le desordre de la France a pourvû à se
procurer de pareils défenseurs ; c'est
pourquoi ce langage quelque depra-
vé qu'il est, ne manquera pas de sujets qui s'en serviront dans l'ocasion
presente : ils ne se convertiroient pas
même, quand un mort viendroit de
l'autre monde attester la verité de
ces Memoires : & cela aux sentimens
de l'Ecriture Sainte, parce que le
cœur est pris : ce qui étant, ni l'esprit, ni l'honneur, ni la consience
n'ont plus de voix au chapitre.

Mais

Mais lors que l'on parle d'extravagance , & que l'on maintient ,
comme l'on fera dans ces Memoires,
que telle & telle affaire n'a pû être
faite fans de deux chofes l'une , ou
que les Auteurs euffent tout-à-fait
perdu l'efprit, ce qui n'eft pas affurément , ni même préfumable , ou
qu'ils avoient fi fort erré au fait,
qu'ils ont également produit des ex-
travagances , que s'ils avoient eu entierement la cervelle démontée ; ce
qui produit le même éfet dans l'un
comme dans l'autre.

Il faut abfolument alors prendre
parti , il n'y a pas moien d'ufer de
fubterfuge , ni pretexter de fon ignorance fur de pareilles matieres.

Tout le monde , pourvû qu'il ait
le fens commun, eft juge competent,
& ne peut s'abftenir de prononcer
fans mauvaife foi , fous pretexte de
fon manque de lumiere.

C'eft par de pareils raifonnemens
ou de femblables principes , qu'on
foûtient qu'on peut rétablir la France en deux heures , & l'on paffe ca-
riere d'abord , en repetant ce qu'on

a déja dit ; favoir, que l'Auteur de cette propofition veut bien paffer pour un extravagant lui-même, & le plus grand qui fût jamais, fi on lui peut faire aucune objection encore une fois, foit pour la briéveté du tems, le peril ou quelques autres raifons que ce puiffent être, qui aient la moindre aparence, & qui ne foit pas une extravagance achevée, pourvû qu'elles foient mifes par écrit : & c'eft ce qui arrive toûjours dans tous les faits que l'on affirme, & que l'on contredit ; l'erreur eft caufe qu'il y a un des deux affurément, qui commet la même extravagance que s'il avoit perdu l'efprit.

Et qui que ce foit ne fe doit fort formalifer d'être tombé dans cette foibleffe : tous les plus grands hommes & les plus célébres Auteurs y ont été furpris : il n'y a point d'abfurditez qu'ils n'aient dites & écrites fur la foi de mauvais Memoires, dans des Ouvrages d'ailleurs trés-beaux, & qui les ont rendus trés célébres.

Saint Auguftin & Lactance, comme l'on a marqué, ont traité d'extravagant le premier Auteur des Antipo-

des : la suite a fait voir que l'extravagance étoit de leur côté.

Ainfi il fera permis à l'Auteur de
ce Difcours d'ufer des mêmes termes,
pour défendre la verité & les interêts
du Roi & des Peuples , defquels de
fi grands hommes ont ufé pour la
combatre.

Ce preambule pofé , que l'on a
crû neceffaire pour purger le ceremonial de cet Ouvrage , afin qu'on ne
fift pas un procez à l'Auteur fur fes
expreffions , n'en pouvant ataquer
le corps ; On va entrer en matiere,
declarant que l'on a un trés grand
refpect pour les perfonnes que l'on
va montrer avoir toûjours erré au
fait ; ce qui ne prejudicie point à leur
integrité , de laquelle on eft trés-
perfuadé , & qu'on fe feroit même
fervi d'expreffions plus douces fi on
avoit pû le pouvoir faire , fans trahir
la caufe du Roi & des Peuples ,
qu'on a entrepris de défendre. La
juftice même oblige de dire , que bien
loin que Meffieurs les Miniftres
foient reprehenfibles de s'être fi fort
mépris au fait , ils ne pouvoient ,

sansmiracle faire autrement , succe-
dans à des Sujets qui leur avoient
„montré de trés-mauvais exemples ,
& tracé des routes trés-défectueuses ;
& bien loin d'être en état de s'en détourner , on peut dire que tout le
monde conspiroit à les y maintenir, y
aiant plus de fortune à faire à tromper
un Miniftre en France , en ruinant
le Roi & les Peuples , qu'à conque-
rir un Roiaume entier pour le Monarque , en quelque pais que ce foit.

CHAPITRE II.

ON promet quatre-vingt millions & plus par deffus les Impôts ordinaires , même la Capitation , par deux heures de travail &
quinze jours d'execution : On promet de plus , de paier toutes les dettes du Roi & de l'Etat en dix ans de
paix , & on promet enfin un doublement de revenus du Roi , en fupri-
mant la Capitation , avant quatre
ou cinq ans ; le tout fans rien rifquer,
ni deconcerter , ni ufer de pouvoir
abfolu.

Voila la plus grande extravagance
qui puisse jamais tomber dans l'es_
prit, ni être proposée, si l'Auteur
ne rencontre pas juste dans la moindre de ces parties ; mais que l'on suspende son jugement jusqu'à l'entiere
lecture de cét Ouvrage , & que l'idée
de ridicule, encore une fois, qui se
presente avec violence à l'esprit,
tempere un peu son ardeur , & l'on
verra invinciblement que c'est le même procez qu'eurent ces grands hommes au sujet des Antipodes.

Personne ne doute que le principe
& la base des revenus de tous les
Princes du monde, ne soient ceux
de leurs Sujets, qui ne sont à proprement parler que leurs Fermiers , les
Souverains n'étans en pouvoir de
rien recevoir plus ou moins , qu'à
proportion que ceux qui font valoir
les terres, sont en état par le produit
qu'ils en tirent, de leur paier les Tributs. Cette maxime qui se pratique
également par tous les Etats , avoit
été en usage en France jusqu'à la
mort du Roi François I. n'y aiant
été derogé que mediocrement depuis

ce tems jusqu'en 1660. Mais on peut dire que depuis cette année on a pris le contrepied , & on n'a point crû pouvoirfaire plus utilement & plus diligemment recevoir de l'argent au Monarque , sur tout dans les besoins extraordinaires , non en augmentant le revenu & les biens des Peuples, mais en les diminuant par tout , & les détruisant en plusieurs endroits presque entierement , à un taux certain l'un portant l'autre ; savoir vingt de perte par pur aneantissement à l'égard du proprietaire pour un de profit au Roi , partagé même avec l'Entrepreneur & ses protecteurs, qui faisoient une fortune de Prince pour un si déplorable service.

Comme voila le Heros de la Piece, & que c'est sur ce fondement que tout va rouler : On maintient ce fait incontestable & aussi pubilc , qu'il est constant que la Seine passe dans Paris ; ensorte que quiconque le voudroit nier, se rendroit aussi ridicule que celui qui ne voudroit pas convenir de cette autre verité.

La perte de la moitié des biens de
la France, tant en fonds qu'en industrie, qui suivent le sort necessairement de ces premiers, a autant de
témoins qu'il y a d'hommes dans le
Roiaume, sans parler des Regiftres,
Baux & Contrats, qui font cette
preuve par écrit, comme les Peuples
par témoins.

On maintient encore que cette diminution depuis 1660. va à plus de
quinze cens millions par an : que ce
mot de centaine de millions n'étonne
point & ne cause point de surprise.
Comme on compte le revenu d'une
Maison, d'une Ferme & d'un Village, tant dans les diminutions que
dans les hausses, il eft aisé à qui eft
rompu dans ces matieres, de suputer
celui de tout un Roiaume. On a fait
celui de l'Angleterre, qui ne vaut
pas le quart de la France, à le prendre de toutes les manieres, quand ils
travailleront ou plutot feront regis
par les mêmes maximes, & on pretend qu'il va à prés de fept cens millions par an.

Et pour la France , ceux qui se
formaliseront de ces expressions ou
de ces calculs trouveront bon , s'il
leur plaît , que l'on compte par plusieurs centaines de millions les revenus d'un Etat qui fournit à son Prince souvent dans des années , plus de
cent cinquante millions , & à l'Eglise ordinairement plus de trois cens
millions , tant de revenu en fonds
que celui qui est casuel , qui surpasse
de beaucoup le premier , dans la Religion comme ailleurs.

Dans la seule Election de Mante
le revenu des Vignes , tant par un
abandon entier de la plus grande partie , quoi qu'autrefois d'un très-
grand produit aux Propriétaires, que
par la diminution sur celles qui sub-
sistent encore , va de perte à deux
millions quatre cens mille livres de
compte fait , par un calcul juste &
certain, vérifié sur les lieux ; & comme les revenus en fonds bien que
menans ceux d'industrie, n'en fassent
pas la quatriéme partie , ces derniers
les excedans beaucoup davantage,
c'est plus de dix millions de perte en

en pur aneantiſſement ſur une ſeule
Election : & bien loin que le Roi aît
rien gagné à ce beau menage, il a
perdu plus de cinq cens mille livres
ſur les Tailles, qu'il a falu diminuer,
tant dans cette Election que dans les
circonvoiſines, à cauſe du dechet
des biens : & tant s'en faut encore
que l'augmentation des Aides ait remplacé cette perte ſur les Tailles, elles
n'ont pas ateint la dixiéme partie de
ce dommage.

Et comme ce ſort eſt arrivé à l'E-
lection de Mante par une cauſe generale à tout le Roiaume, on en peut
tirer les mêmes conſequences, &
ſupoſer certainement la même perte
pour toute la France.

Que l'on commence donc à aller
bride en main, en pretendant reve-
tir l'Auteur de ces Memoires de l'idée
d'extravagance, ſur cette diminution
de quinze cens millions de rente arrivée au Roiaume depuis 1660. d'autant que quoi que les Aides tiennent
conſtamment le principal perſonnage dans un pareil ravage, y comprenant les droits de Sorties, Paſſages

& Doüanes du Roiaume, qui ne font ni moins criminelles, ni moins outrageantes à la raison & au fens commun, que ces mêmes Aides, cause de tant de malheurs, de notoriété publique : Cependant ces pretendus Droits du Prince ont pour confors dans la deftruction de fes Peuples, deux camarades qui l'ont fort bien fecondé, s'ils ne l'ont pas égalé dans l'aneantiffement de ces quinze cens millions de rente ; favoir, l'injuftice & l'incertitude dans la repartition de la Taille, dans laquelle bien qu'il n'y ait eu que de la negligence & du manque d'attention de la part de ceux qui gouvernoient, ou tout au plus un mauvais exemple de leur part, dans leur conduite particuliere à l'égard de leurs fonds ; le defaftre neanmoins a été fi terrible par la ruine de la confommation, & par confequent du revenu, que l'on peut affurer que fi les demons avoient tenu confeil, pour avifer au moien de damner & détruire tous les Peuples du Roiaume, ils n'auroient pû rien établir de plus propre à arriver à une pareille fin.

On en fera un détail plus particulier dans la suite, lors qu'il fera queftion de fa ceffation ; ce qui n'exige
point affurément une demie-heure
d'attention de la part de Meffieurs les
Miniftres , & quinze jours d'execution dans les Provinces , quand cette
Commiffion fera donnée à des Sujets
verfez en de pareilles matieres , &
fur tout du pais , comme autrefois,
les Elûs n'étans autre chofe dans leur
inftitution , que des Repartiteurs
nommez par le Peuple.

L'autre Adjoint dans la ruine de la
France, eft quelque chofe de bien
plus pitoiable : Non feulement ce
n'eft point l'éfet d'un interêt indirect,
comme dans les Aides, qui ait aveuglé les Entrepreneurs, pour fe procurer de l'utilité aux dépens de la ruine publique , ni la faute du manque
d'attention au bien general , comme
dans la repartition des Tailles ; mais
c'eft au contraire une production de
reflexions trés-fages & trés picufes,
à ce qu'on penfoit ; favoir, le foûtien
de l'aviliffement des grains, que l'on
a crû devoir établir & maintenir,

par des éforts continuels d'une pre-
tenduë trés-fine Politique, à être en
perte aux Laboureurs, le prix ne
pouvant ateindre aux frais de la culture en quantité d'endroits, bien
loin de satisfaire au paiement du Proprietaire & des Impôts ; ce qui a ati-
ré outre plus de cinq cens millions de
diminution de rente dans le Roiaume, comme cela est aujourd'hui,
l'abandon d'une infinité de terres de
dificile exploitation, & la prodigalité des grains à des usages étrangers,
comme nourriture de bestiaux & confection de manufactures ; ce qui ne
menace de rien moins que d'une cherté extraordinaire à la premiere sterilité.

En un mot, on a crû, qu'afin
que tout le monde fût à son aise,
qu'il faloit que les grains fussent à si
bas prix, que les Fermiers ne pussent
rien bailler à leurs Maîtres, & ceux-
ci aucun travail aux Ouvriers ; ce
qui étant tout leur revenu, la privation en excede dix fois le pretendu bas
prix du pain.

Et

Et on a pensé pareillement que
pour éviter les horreurs d'une cherté
extraordinaire , il est avantageux de
faire abandonner la culture d'une infinité de terres , & l'engrais de presque toutes en general , le prix de la
recolte n'en pouvant suporter les
frais , & qu'il faloit aussi prodiguer
les grains à ces usages étrangers que
l'on vient de marquer.

Quelque horreur que l'on conçoive d'une pareille conduite , qui a été
un enfant de la speculation , qui ne
peut jamais produire que des mons-
tres dans les Arts, que l'on n'aprend
que par la pratique, jusqu'à un sou-
lier , que le plus grand genie du
monde ne pouroit construire sur un
memoire dressé par un tres - habile
Ouvrier , sans exhiber un objet ridicule ; cette conduite , dis-je , a crû
meriter des aplaudissemens, & que
les Auteurs doivent être apelez les
Josephs de leur païs.

Il y a un Chapitre entier à la fin
de cet Ouvrage ; & même si l'on est
curieux , on trouvera un petit volume où l'on fait voir clair comme le

jour, & fans aucune crainte de repartie , qui ne foit une extravagance achévée ; favoir, que plus les
grains font à vil prix , plus les Pauvres font miferables, & fur tout les
Ouvriers : & en même tems , que
plus il fort de blez de la France, &
plus on fe garantit d'une cherté extraordinaire dans les années fteriles.

CHAPITRE III.

VOici le premier Acte de la piece , & fur lequel il faut faire
une paufe , pour commencer à foute-
nir, aux termes du Cartel établi,
que les revenus de la France, font diminuez de quinze cens millions depuis 1660 & que les trois caufes
que l'on vient de marquer , ont produit ce malheureux éfet ; & que
comme l'Auteur fe foûmet d'être traité en infenfé , s'il ne rencontre pas
jufte, il maintient en même tems
qu'il ne peut être démenti dans l'un
& l'autre de ces deux faits , fans une
extravagance achevée.

Or pour revenir au premier deſſein de cet Ouvrage , on ne peut conteſter ſur les principes établis au commencement , qui ſont ceux de tous les Etats de la terre , que les revenus du Prince n'ont d'autre reſſource que ceux des Peuples , que qui pourroit rétablir ces quinze cens millions de rente en un inſtant , dont les Peuples joüiſſoient tranquillement juſqu'en 1660. tout ce qu'on a propoſé pour le Roi ; ſavoir, les quatre-vingt millions de hauſſe dans la conjoncture preſente ; & le paiement de toutes les dettes de l'Etat ſous ſon nom , ainſi que le doublement de tous ſes revenus , au lieu d'être une extravagance , ſeroient une choſe fort naturelle & fort aiſée ; puiſque bien loin d'être l'éfet de viſion ou de violence, ce ne ſeroit qu'une ſuite , ou plutôt qu'une très petite partie d'une opulence generale , repanduë en quelque façon gratuitement ; & c'eſt de la maniere que l'on l'entend, comme on va voir dans la ſuite , aprés qu'on aura montré dans un Chapitre , ce que c'eſt que richeſſe ſuivant les loix de la Nature , dont la fauſſe idée qu'on s'eſt faite dans ces derniers tems a produit tout le deſordre ; en ſorte que la ſimple reconnoiſſance de la cauſe du mal , le fera ceſſer entierement , & rétablira l'opulence.

CHAPITRE IV.

LA Richeſſe au commencement du monde , & par la deſtination de la Nature & l'ordre du Createur , n'étoit autre choſe qu'une ample joüiſſance des beſoins de la vie : comme ils ſe reduiſoient uniquement à la ſimple nourriture & au vêtement neceſſaire pour ſe garantir des rigueurs du tems , le tout ſe terminoit preſque en deux ſeuls genres de Métiers , ſavoir le Laboureur & le Paſteur ; les troupeaux avant le Déluge n'aians point d'autre uſage que d'habiller les hommes de leur dépoüille , & c'étoit les deux Profeſſions que ſe partagerent les deux enfans d'Adam aprés la creation de l'Univers.

A leur exemple ceux qui les fuivi-
rent furent long-tems maîtres & valets, & leurs propres conſtructeurs
de leurs beſoins ; la vente n'étoit
qu'un troque & une échange, qui ſe
faiſoit de main en main ſans nul miniſtere d'argent, qui ne fut connu
que long-tems aprés.

Mais depuis la corruption, la violence & la volupté s'étant miſes de
la partie ; aprés les beſoins, on voulut le delicieux & le ſuperflu : ce qui
aiant multiplié ces Métiers, de deux
qu'ils étoient d'abord, degré par dé-
gré, en plus de deux cens qu'ils ſont
aujourd'hui en France, cette échange immediate ne pût plus ſubſiſter.

Le vendeur d'une Denrée ne trafiquant, preſque jamais avec un Sujet
qui fût poſſeſſeur de celle qu'il avoit
deſſein de ſe procurer en ſe défaiſant
de la ſienne, & ne la pouvant même
recouvrer qu'aprés un long trajet,
& une infinité de ventes & de reven-
tes de l'un à l'autre par le moien de
ces deux cens mains ou Profeſſions,
qui compoſent aujourd'hui l'harmonie des Etats polis & magnifiques ;

Il a falu une garantie & un porteur de procuration de ce premier ache-teur, que l'intention du vendeur sera éfectuée, par le recouvrement de la denrée qu'il vouloit avoir en se des-saisissant de la sienne.

C'est par là que le ministere de l'argent est devenu necessaire, par une convention & un consentement general de tous les hommes : qu'en quelque Païs que ce soit, à moins de quelque grand éloignement, ou que quelqu'autre violence ne dérange les choses ; celui qui est porteur d'ar-gent est assuré de se procurer pour au-tant de la denrée dont il a besoin, qu'il s'est défait de la sienne, & qu'il sera livré avec autant de diligence & d'exactitude, que si l'échange & le troc s'en étoient faits immediate-ment & de main en main, comme au commencement du monde.

Il y a là dessus une attention à faire, qui est que l'argent, malgré la cor-ruption qui en a fait une Idole, ne peut fournir aucuns des besoins de la vie étant reduit en monnoie, mais est seulement garand que le vendeur d'une denrée ne la perdra pas, & que celle dont il a besoin en troque de la sienne, lui sera livrée, ne se trouvant pas chez son acheteur.

Il faut faire encore une reflexion ; savoir, que cette fonction est si peu singuliere à l'argent, quelqu'idée qui regne au contraire, qu'il n'en fait pas la dixiéme partie, & même la cinquantiéme dans les tems d'opulence, qui n'est autre chose qu'une grande consommation, c'est à dire une trés-grande richesse.

Le parpier, le parchemin & même la parole, en font encore une fois, cinquante fois plus que lui : ainsi on a grand tort dans les occasions de misere, de mettre la cause des desordres sur son compte, & d'alleguer pitoiablement qu'il a passé en la plus grande partie dans les Païs étrangers : Pourquoi ne dit-on pas que le papier & le parchemin y sont également allez, & que c'est faute de cette matiere que la trafic a cessé, & que l'on vend & n'achete plus ?

On ne le dit point, parce qu'on sçait bien que cela seroit ridicule : Or de tenir le même discours de l'argent, est de la même absurdité, puis que quand cette éclipse d'especes seroit veritable, comme non, on ne lui pourroit imputer que son sol la livre de la cessation du commerce, dans lequel n'aiant que la cinquantiéme partie des fonctions, on ne pourroit pas le rendre criminel pour un plus haut degré ; or tout étant diminué depuis 1660. de plus de la moitié, on voit l'erreur de ces pitoiables raisons, que c'est manque d'argent.

Ces allegations seroient veritables au Perou si les mines tarissoient, parce qu'étant uniquement le fruit du Païs, il faudroit que les Peuples y mourussent de faim, s'ils n'en faisoient pas sortir toutes les années une trés grande quantité du Païs, pour l'échanger contre les denrées necessaires à la subsistance.

Sans parler des Isles de Maldive, où par une convention unanime de certaines coquilles font la fonction de l'argent monnoié; ni de celles de l'Amerique, où les Colonies de l'Europe qui les habitoient, ne man quoient d'aucuns de leurs besoins, sans presque jamais voir un denier d'argent : le tabac seul, tant en gros qu'en détail, en remplaçoit toutes les fonctions ; si on vouloit avoir pour un sol de pain, & même moins, on donnoit pour un sol de tabac, & ainsi du reste, parce que ceux qui le recevoient étoient assurez d'en tirer le même avantage, en se procurant leurs necessitez.

Sans parler, dis-je, de ces exemples, les Foires de Lion en France, qui forment un commerce par an de plus de quatre-vingt millions, n'ont jamais connû ni vû un sol d'argent dans ce trafic : tout se fait par échange immediate de denrée à denrée, ou par Billets, lesquels aprés une infinité de mains retournent au premier tireur, où il n'échet qu'une compensation.

L'argent n'est donc rien moins qu'un principe de richesse dans les Contrées où il n'est point le fruit du Païs : Il n'est que le lien du Commerce, & le gage de la tradition future des échanges, quand la livraison

ne s'en fait pas sur le champ à l'é-
gard d'un des contractans , qui se
dessaisir de la sienne par les raisons
marquées , & il partage cette fonction même avec tant d'autres choses,
comme la simple parole , le papier,
le parchemin & les denrées mêmes,
qu'il est dispensé de la plus grande
partie de ce personnage , que l'on lui
supose faussement être singulier.

Il est même indifferent que pour ce
qui lui reste d'emploi dans cet usage,
dont on n'a jamais besoin que lors
qu'il n'aparoit & ne reside pas assez
de solvabilité dans l'un des contractans , pour s'en fier à sa parole , au
papier & au parchemin : Il est indifferent , dis-je , qu'il y en ait peu ou
beaucoup dans une Contrée pour lui
procurer de l'opulence ; c'est à dire,
une entiere jouissance non seulement
des besoins de la vie , mais même de
tout ce que l'esprit humain a pû in-
venter pour les delices.

Il n'y a qu'une clause indispensable , qu'étant indifferent que les
choses soient à haut ou à bas prix , il
est d'une necessité absoluë que le tout

foit reciproque, autrement plus de proportion , & par conſequent plus de commerce ; & ainſi plus de richeſ-ſes , ou plutot beaucoup de miſere, qui eſt aujourd'hui la ſituation de la France.

Un homme qui recevoit mille francs par an ſous le Roi Fran-çois 1. étoit auſſi riche , & paſſoit ſa vie auſſi commodement & magni-fiquement , que celui qui reçoit au-jourd'hui quinze mille francs toutes les années , parce que le bled ne valoit que vingt ſols le ſeptier à Paris, qui doit valoir aujourd hui, année commune, quinze ou ſeize francs , & les ſouliers cinq ſols, par apreciation imprimée dans les Ordonnances, comme on les y peut voir. Le Laboureur qui ne vendoit ſon bled que vingt ſols , & le Cor-donnier ſes ſouliers que cinq ſols, y trouvoient pareillement leur compte, parce que les proportions s'y rencon-troient.

Mais ſi comme aujourd'hui le bled avoit valu quinze francs, le Cordon-nier ſeroit mort de faim avec ſes ſou-

liers vendus cinq fols : comme par
reciproque le Laboureur eût tont
quitté, fi vendant fon bled vingt fols,
lui ou fon Maître eussent été obligez
d'acheter les fouliers quatre francs.

C'est donc les proportions qui font
toute la richesse , parce que c'est par
leur feul moien que les échanges , &
par conséquent le commerce fe peut
faire : Il feroit ridicule de faire de la
difference entre deux repas également
bons , parce que l'un auroit coûté
beaucoup & l'autre bien moins , en
pretendant établir un plus haut degré
de felicité dans celui pour lequel on
auroit debourfé davantage.

C'est par le deconcertement de
cette harmonie que les quinze cens
millions de rente éclipfez en France
depuis 1660. fe font évanoüis.

Comme cette juftice qui doit être
entre deux Commerçans , qui ne tra-
fiquent uniquement que l'un avec
l'autre , fe doit étendre en plus de
deux cens Professions que renferme aujourd'hui la France, & qu'ils ont tous
un interêt folidaire de l'entretenir ,
parce que ce n'est que d'elle feule

qu'

qu'ils peuvent obtenir leur subsistance & leur maintien : Il ne faut pas
qu'elle soit deconcertée en la moindre de ses parties, c'est à dire que le
plus chetif Ouvrier vende à perte ; autrement sa destruction, comme un
levain contagieux, corrompt aussi-
tôt toute la masse.

Il faut que cela se fasse non-seulement d'homme à homme, mais aussi
de païs en païs, de province en
province, de roiaume en roiaume,
& même d'année en année, en s'aidant & se fournissant reciproquement
de ce qu'elles ont de trop, & recevant
en contr'échange les choses dont elles sont en disette.

Cependant par une corruption du
cœur éfroiable, il n'y a point de Particulier, bien qu'il ne doive attendre
sa felicité que du maintien de cette
harmonie, qui ne travaille depuis le
matin jusqu'au soir, & ne fasse tous
ses éforts pour la ruiner.

Il n'y a point d'Ouvrier qui ne tâ-
che de toutes ses forces de vendre sa
marchandise trois fois plus qu'elle ne
vaut, & d'avoir celle de son voisin

pour trois fois moins qu'elle ne coûte à établir.

Ce n'eſt qu'à la pointe de l'épée
que la juſtice ſe maintient dans ces
rencontres ; c'eſt neanmoins dequoi
la Nature & la Providence ſe ſont
chargées : Et comme ils ont établi des
retraites & des moiens aux animaux
foibles , pour ne devenir pas toute la
proie de ceux qui étant forts , &
naiſſans en quelque maniere armez,
vivent de carnage : Ainſi dans le commerce de la vie elle a mis un tel ordre,
que pourvû qu'on la laiſſe faire , il
n'eſt point au pouvoir du plus puiſ-
ſant en achetant la denrée d'un miſerable , d'empêcher que cette vente ne
lui procure ſa ſubſiſtance ; ce qui
maintient également l'opulence , à
laquelle l'un & l'autre ſont redeva-
bles de leur ſubſiſtance proportionnée
à leur état.

On a dit , (que pourvû qu'on
laiſſe faire la Nature,) c'eſt-à dire,
qu'on lui donne ſa liberté , & que
qui que ce ſoit ne s'en mêle que pour
y procurer de la protection , & empêcher la violence.

C'eſt neanmoins dequoi on a pris le contre-pied, n'y aiant point de moien ni de manieres, quelques épouventables qu'elles fuſſent, qu'on n'aie crû non ſeulement legitimes, mais d'être même la plus fine politique, pour ruiner cette harmonie, en attaquant ou acablant ſingulierement toutes les denrées les unes aprés les autres, par le moien des Partiſans.

· Quand on a eu détruit un genre de biens, en ſorte qu'il n'y avoit plus rien à faire pour les Entrepreneurs, qui cauſoient cette deſolation ſous pretexte de faire venir de l'argent au Roi, bien qu'il ne reçût pas la centiéme partie du mal que cela cauſoit, on tranſportoit les mêmes meſures aux autres genres de biens, qui n'é-toient pas encore aneantis, en ſur-prenant toûjours également Meſ-ſieurs les Miniſtres ; en ſorte que celui qui a plus ruiné de païs, & par conſequent le Roi, eſt celui qui a mieux fait ſes affaires.

La grande recompenſe attachée à de pareilles entrepriſes, qui donnoit moien de la partager avec des Protec-

teurs du premier degré , que l'on veut
croire que l'on trompois également,
qui étoient neanmoins les premiers
Ministres , jusques en 1661. comme
il sera justifié ; depuis lequel tems,
quoi que ces manieres aient sextuplé,
les immeubles aiant été engloutis,
quoi qu'ils eussent jusqu'alors toujours paru sacrez , on est tres-assuré
qu'il n'y a eu que de la surprise ; cela
faisoit qu'on se mettoit l'esprit à l'a-
lambic, pour maintenir & augmenter cette manœuvre , & empêcher en
même tems toutes sortes de remedes
& d'obstacles que les Peuples y auroient pû aporter.

Ceci est trop public pour passer
pour calomnie ou être revoqué en
doute ; les quinze cens millions de
rente constamment éclipsez , les
terres en friche, plus de la moitié des
Vignes du Roiaume arrachées , pendant que les trois quarts des Peuples
ne boivent que de l'eau , arrêtent la
grande vocation que les Interessez
pourroient avoir à nier des faits aussi
certains , & dont on leur est uniquement redevable ; & voici comme
cela est arrivé.

C'eſt par le moien des Traitans, trop peu d'atention à la repartition des tailles, & trop au commerce des bleds, dont il faloit abſolument laiſſer l'œconomie à la Nature, comme par tout ailleurs.

Il convient de faire un court détail de ces trois cauſes, & l'on verra que ce n'eſt pas ſans raiſon qu'on maintient qu'ils ont fait plus de deſtruction dans la France, que jamais les plus grands ennemis, & même tous les fleaux de Dieu dans leur plus grande violence : le ravage de ces Manieres aiant regagné par leur durée depuis 1660. ce qui pourroit paroître de plus violent dans ces marques extraordinaires de la colere du Ciel.

CHAPITRE V.

POur commencer par les Tailles, dont on ne dira que peu de choſe, parce qu'on en a aſſez parlé dans le premier Tome, auquel ceux qui ſont curieux d'en aprendre parfaitement

anatomie, pourront avoir recours,
& dont ce qu'on va toucher ne sera
qu'un abregé : Il y a auparavant que
d'en parler une attention à faire, qui
servira également pour cet Article &
pour les deux autres.

Savoir, que tous les revenus ou
plûtôt toutes les richesses du monde,
tant d'un Prince que de ses Sujets, ne
consistent que dans la consommation;
tous les fruits de la terre les plus ex-
quis, & les denrées les plus precieu-
ses n'étant que du fumier d'abord
qu'elles ne sont pas consommées.

Ce qui fait que les Païs les plus
feconds n'étans point habitez, &
par consequent cultivez à cause du
petit nombre d'hommes, sont presque
entierement inutiles à leur Prince.

Or du moment que, quoi que ces
Contrées se rencontrent très-remplies
de Sujets propres à faire valoir les
presens de la nature, il est de leur
interêt de ne rien consommer, &
même sont mis dans l'impossibilité
de le faire, le Païs ni le Prince n'en
sont pas plus riches que s'il n'y avoit
qui que ce soit ou peu de monde,

La terre devenant alors comme un herbage du plus grand produit, qui ne raporte rien à son Maître, lors que les bêtes que l'on met dessus sont emmuselées & empêchées par cette violence de pâturer, ce qui ruine entierement l'herbage & les Proprietaires des bêtes, qui meurent aussi-tôt par cette force majeure, bien loin d'engraisser.

Voila le portrait en racourci de la Taille dans les Provinces où elle est arbitraire, c'est à dire dans presque les trois quarts du Roiaume, sans qu'il y ait en aucune façon la moindre difference.

Et cela, par le moien de trois circonstances qui l'acompagnent, & ne la quittent jamais un moment.

La premiere, son incertitude, tant dans l'assiete des Paroisses que sur la tête de tous les Particuliers.

La seconde, son injustice d'être haute & violente, non par raport aux facultez des Contribuables; ce qui est neanmoins l'esprit de son institution, comme dans tous les païs de la terre, même les plus barbares & les plus grossiers ; mais eu égard seulement au plus ou moins de protection & d'élevation qu'un homme peut avoir, pour s'en defendre lui ou ses Fermiers.

Et le troisiéme enfin , la collecte de cet Impot qui étant trés-mal reparti, une grande partie demeure en perte à celui ou ceux qui sont chargez de ce malheureux recouvrement ; & comme chacun y passe à son tour , il tombe à tour par consequent à tout le monde d'être ruiné tout à fait.

Pour reprendre chaque Article, & montrer qu'il n'y eut jamais de plus grands boureaux de la consommation à D'abord l'incertitude qui commence la danse ; met dans l'obligation tous les Sujets qui y sont exposez , de s'abstenir de toutes sortes de dépenses, & même de trafic qui fasse bruit.

Il n'y a qu'un ordinaire de pain & d'eau qui puisse faire vivre un homme en sûreté de n'être pas la victime de son voisin , s'il lui voioit acheter un morceau de viande ou un habit neuf ; s'il a de l'argent par hasard, il faut qu'il le tienne caché , parceque pour peu qu'on en ait le vent, c'est un homme perdu.

Par l'injuſtice qui eſt le ſecond Article, il eſt fort naturel & fort ordinaire de voir une grande recette ne
pas contribuer d'un liard pour livre ;
pendant qu'un malheureux qui n'a
que ſes bras pour vivre lui & toute ſa
famille, eſt à un taux qui excede tout
ce qu'il a vaillant ; enſorte qu'après
la vente de quelques chetifs meubles,
comme paillaſſe, couverture & uten-
ſiles propres ſeulement au travail ma-
nuel, on procede à la vente des portes, des ſommiers & de la charpente
des maiſons.

Ce qui ruine ce pretendu privile-
gié, & le Roi par conſequent bien
plus, que ſi ce fonds preſqu'exempt
avoit paié ſix fois la taille où il eſt
impoſé, & qu'il en eût déchargé tout
à fait ce malheureux ; parce que toutes les terres n'aiant du produit, ainſi
qu'on a dit, qu'à proportion que les
fruits qui y excroiſſent trouvent de la
conſommation, & ceux qui la pourroient faire en étant empêchez par ces
manieres, ils tombent en pure perte,
& les Maîtres n'en tirent pas les frais
de la culture.

Et pour le faire voir ſans crainte de nulle repartie, il n'y a qu'à jetter les yeux ſur une infinité de grands domaines apartenans à des gens de la plus haute conſideration, on les trouvera diminuez depuis 1660. qu'on a entierement abandonné l'attention à la juſte repartition des tailles, ſans renouveller ni faire obſerver les anciennes Ordonnances, qui ne parloient d'autre choſe que d'y veiller continuellement : On apercevra que ces terres ſont diminuées de moitié l'une portant l'autre, & quelques-unes davantage, pour ſervir de ſoute aux autres, afin que le tout ſoit ſous le même niveau ; ſans qu'on en puiſſe acuſer ſans fauſſeté l'excez de la taille dont ces terres n'ont jamais preſque rien paié, & ce ſera leur rendre un tres-grand ſervice de leur en faire prendre leur juſte part, pour décharger ces miſerables ; puis que par là, la cauſe de la ruine de leurs fonds étant ôtée, ils reprendront inconti-nent leur ancienne valeur.

Et ceux qui ont quelque connoiſ-ſance du détail en conviennent: mais

ils marquent en même tems qu'il faut
que la chose soit generale, sans quoi
une justice particuliere qu'ils pourroient faire, ne produiroit qu'une
hausse de paiement, sans nulle utilité
singuliere.

Et la Collecte enfin venant en sur-
taux sur des Sujets déja acablez, &
les constituant en quelque maniere
cautions & garans de paiemens, dont
le recouvrement d'une partie ne se
pourra jamais faire, acheve de les ruiner, & met le comble à leur desolation, ou plûtôt à leur desespoir ; ce
qui est le dernier degré de destruction
de la consommation, sans parler des
emprisonnemens, qui est une habitation, où une infinité de Collecteurs
de Tailles font plus de sejour que dans
leurs maisons, par la perte de leur
tems qui est tout leur revenu, ainsi
que celui du Roi & du Roiaume.

Ce desordre qui coûte plus de cinq
cens millions de perte par an à la
France, & la vie à autant de malheureux qui perissent, tant en santé qu'en
maladie, faute de nourriture & de secours, ainsi que de bâtimens qui les

puiffent defendre des injures du tems,
aiant été en la plus grande partie dé-
truits par cette belle œconomie de la
Taille : Ce defordre, dis-je, quelque grand & quelqu'éfroiable qu'il
foit, peut être arrêté en une demie-
heure de travail & quinze jours d'execution, puis qu'il n'eft queftion que
d'un fimple acte de volonté du Roi &
de Meffieurs les Miniftres, comme
on expliquera mieux & plus particulierement dans le Chapitre du remede.

Il faut paffer à la feconde caufe de
la deftruction des quinze cens millions
de rente, qui font les bleds, à l'égard
defquels il faut rapeller ce qu'on a dit
ci-devant, que la richeffe n'eft autre
chofe qu'une jouiffance entiere, non
feulement de tous les befoins de la vie,
mais même de tout ce qui forme les
delices & la magnificence, pour lefquelles il faut avoir affaire avec plus
de deux cens Profeffions, qui com-
pofent aujourd'hui les Etats polis &
opulens.

A cet éfet il eft neceffaire que tous
ces deux cens Métiers faffent une
échange

échange continuelle entr'eux , pour s'aider reciproquement de ce qu'ils ont de trop , & recevoir en contr'échange les choſes dont ils manquent; & cela non ſeulement d'homme à homme , mais même de pais à pais, & de roiaume à roiaume , autrement l'un perit par l'abondance d'une denrée & la diſette, pendant qu'un autre homme ou une contrée ſont dans la même miſere d'une façon toute opoſée : C'eſt ce divorce qui forme la miſere generale , pendant que le commerce reciproque qui auroit pû ſe faire , auroit formé deux perfections de deux tres-grandes defectuoſitez.

Il y a encore une attention à faire, qui eſt que ce deſordre durera éternellement , ſi ce trafic & cette échange ſi neceſſaire & ſi utile ne ſe fait avec un profit reciproque de toutes les parties , c'eſt à dire tant les Vendeurs que les Acheteurs , ſoit que le commerce ſe faſſe par le canal de l'argent , ou par troc de denrée à denrée , & celui qui pretend faire autrement, non ſeulement ruine ſon cor-

respondant , mais aussi se détruit lui-
même.

Si le premier Laboureur trafiquant
uniquement avec le Pasteur, ne lui
avoit pas voulu donner assez de bled
pour se nourrir, pendant qu'il eût exi-
gé de lui tout son vêtement necessaire , tiré des depouilles des bêtes , non
seulement il l'auroit fait mourir de
faim ; mais il auroit lui-même peri
dans la suite de froid , en détruisant le
seul Ouvrier de ce besoin si pressant,
savoir le vêtement.

Et cette harmonie d'une necessité si
indispensable alors entre ces deux
hommes , est de la même obligation
entre plus de deux cens Professions,
qui composent aujourd'hui le maintien de la France.

Le bien & le mal qui arrivent à
toutes en particulier, est solidaire à
toutes les autres , comme la moindre
indisposition survenue à l'un des
membres du corps humain , fait perir
bien tôt tout le reste , & par consequent le sujet , si on n'y met incontinent ordre.

Le deperiſſement qui arrive à une de ces deux cens Profeſſions, n'eſt pas d'abord auſſi ſenſible que celui qui auroit pû ſe rencontrer entre les deux premiers & uniques Ouvriers de la terre ; mais avec le tems , & en augmentant à vûë d'œil , il produit le même éfet qu'auroit fait l'autre.

Le Vendeur n'eſt donc que le Commiſſionnaire de l'Acheteur , comme l'Acheteur eſt mis dans le pouvoir d'acheter par le Vendeur, qui en doit faire autant de la denrée de ce premier Acheteur , ou immediatement ou par une plus longue circulation au moien de l'argent , toû ours âux conditions marquées , c'eſt à dire avec une utilité perpetuelle de tous ceux qui jouent un perſonnage ſur ce theatre , c'eſt à dire tous les hommes du monde.

On a fait ce preambule , parce que la derogeance à cette regle à l'égard des bleds , coûte à la France depuis 1660. prés de trois à quatre cens millions de rente.

Comme cette denrée méne toutes les autres , qui la ſuivent pour ainſi

dire toutes pied à pied, le mécompte
qui s'y rencontre ne fait aucun credit,
& embrassant aussi-tôt toutes Professions, il les coule à fond sur le
champ.

Le Laboureur qui est leur Commissionnaire pour les faire subsister, vendant son bled trop cher, par un prix
qui n'ait pas de proportion avec le
prix du travail de ces deux cens Métiers ; voila une famine qui fait perir
une infinité de monde, dont on n'a
que trop fait d'experience ; & parfait
contraire, le bled étant à vil prix
comme aujourd'hui ne pouvant atteindre non seulement au paiement du
Proprietaire, mais même aux frais de
la culture, le canal necessaire pour
faire passer cette manne aux mains des
Ouvriers, qui n'ont d'autre revenu
que leurs bras, est coupé ; savoir le
Maître, qui n'est point paié : Et voila toutes ces deux cens Professions à
sec, leur travail leur devient infruc-
tueux, comme les grains en perte à
ce Laboureur ; en sortequ'il est par là
mis hors de pouvoir non seulement
de paier son proprietaire, mais même

de continuer à cultiver la terre , ce qui en fait demeurer quantité en friche, negliger les engrais des meilleures , & prodiguer les grains à des usages étrangers , comme nourriture de bestiaux , sur tout les chevaux , & confections des Manufactures , savoir les bieres & amidons ; ce qui à la premiere année sterile ne manque pas de produire une cherté extraordinaire , par où ces deux cens Professions ressentent la même misere par un excez tout oposé , pendant que la compensation de ces deux desordres en eût formé deux grands biens , comme on a déja dit , si un zele mal fondé n'avoit pas procuré ce mal d'avilissement de grains , qui enfante lui seul l'autre extremité , savoir le prix exhorbitant : Le remede est aisé , & en la main de Messieurs les Ministres ; mais comme le manque de lumiere a fait tomber dans ce desordre , dont la connoissance la plus grossiere & la plus imparfaite , ne peut être aquise que par la pratique du labourage , il s'en faut beaucoup que ce soit l'espece de ceux qui se sont mêlez depuis 1660. de cette direction.

E 3

Ils ont crû que cette manne coûtoit aussi peu à percevoir & faire venir, que celle que Dieu envoia dans le desert aux Israëlites ; ou tout au plus, qu'elle étoit comme des champignons, ou comme des trufles, qu'elle croissoit en tout son contenu à pur profit au Laboureur, & qu'à quelque bas prix qu'elle pût être, il gagnoit moins, mais ne pouvoit jamais perdre ; & qu'ainsi il faloit qu'une autorité superieure empêchât que les pauvres ne fussent la victime de son avidité.

C'est neanmoins cette autorité qui a tout gâté, aiant également ruiné les riches & les pauvres, dans l'une & dans l'autre extremité de cherté & d'avilissement de grains, qui se sont enfantez & s'enfantent même toujours reciproquement, comme on vera plus particulierement par le Chapitre qui est à la fin de cet Ouvrage.

Ainsi ces deux articles de desordre des Tailles & des Bleds coûtent la moitié des quinze cens millions de perte, arrivez au Roiaume depuis 1660, d'autant plus aisé à rétablir,

que ce n'a été l'éfet d'aucun interêt
particulier , mais feulement manque
d'atention dans l'un , & de trop d'a-
tention dans l'autre, favoir les grains.
Il n'y avoit qu'à laiffer faire la Nature , comme par tout ailleurs , & la
liberté qui eft la commiffionnaire de
cette même Nature , n'auroit pas
manqué de faire une compenfation
avantageufe , qui auroit formé un
très grand bien de deux très grandes
miferes.

Le furplus de quinze cens millions
de dechet , allant à environ huit cens
millions , eft l'unique ouvrage des
Traitans , tant ordinaires qu'extraordinaires , quoi que le rétabliffement foit beaucoup plus aifé du côté
de la Nature ; il eft beaucoup plus
difficile de la part des perfonnes inte-
reffées au maintien de ce mal , quelqu'éfroiable qu'il foit ; & il en arrive
comme dans les maladies du corps
humain , qui font d'autant plus dan-
gereufes , quand elles attaquent les
parties nobles.

C'eft une chofe aujourd'hui fi publique , que quoi que ce fût un crime

autrefois d'être de part , & recevoir des gratifications de gens d'affaires, que perſonne ne s'en cache plus ; & quoi qu'un ſavant Theologien ait imprimé il y a trente ans, que c'eſt riſquer ſa damnation , que de ſe faire Partiſan , les choſes ont ſi fort changé depuis , que les perſonnes aujourd'hui de la plus haute pieté , ne s'en font nul ſcrupule , non ſeulement d'y prendre part , mais même de n'en pas faire de ſecret.

Aparemment que l'ignorance où ils ſont , des maux qu'un pareil canal des revenus du Prince , fait au Roi & au Roiaume , les entretient dans cette tranquillité. Ce qui ne ſeroit pas , s'ils ſavoient que le Souverain ne reçoit pas un ſol par de ſemblables moiens , qu'il n'en coute dix - neuf ſur vingt en pure perte aux Peuples, par la ruine de la conſommation , & par conſequent de leurs biens : Ainſi que la vie à une infinité de miſerables , qui periſſent manque de leurs beſoins.

Que l'on jette les yeux ſur une contrée deſolée , comme ſur l'Election de

Mante , puisqu'on en a parlé ; ce qui prouve également pour le reste du Roiaume , atendu que c'est par une cause generale. Elle a perdu deux millions quatre cens mille livres sur les seules vignes ; ce qui fait plus de dix millions de dommage par an sur les biens , tant en fonds , qu'en industrie , par contre-coup : que l'on en demande la raison , jusqu'aux enfans au sortir de la mamelle , ils ne begaieront point pour dire que c'est l'ouvrage des Traitans , aprenant par là à parler de leurs parens.

Cependant la haute protection que ces Messieurs-là ont , & qu'ils se savent procurer , fait qu'on les respecte si fort , que pour leur contribution , pour la cotte-part de la cessation de leur Ministere , au retablissement en deux heures des cinq cens millions , dans la destruction desquels , & même beaucoup davantage , ils jouent un si grand rôle ; on n'en veut pas congedier un seul , ni leur ôter un cheveu de la tête , comme si c'étoit les gens du monde les plus necessaires à l'Etat , loin d'être

ses plus grands ennemis , aû témoignage de Monsieur de Sulli en parlant
à Henri IV. Ce qui n'empêche pas
qu'on ne montre, comme l'on va faire
voir dans le Chapitre suivant, que le
crime les a établis & maintenus jufqu'en 1660. depuis lequel tems , encore qu'ils aient quadruplé & fextru-
plé , ce n'a été que par furprife à l'é-
gard de Meffieurs les Miniftres , qui
n'avoient que de bonnes intentions,
bien que les malheurs operez par le
crime de leurs predeceffeurs , aient
reçû la même hauffe que leur nombre
& leurs fonctions.

CHAPITRE VI.

Les Princes les plus riches & les
Peuples les moins chargez , font
ceux chez qui les Impôts paffent
droit des mains des contribuables en
celles du Monarque , & où il y a
moins de genres de Tributs , & par
confequent, de perfonnes emploiées
à ce recouvrement.

Ou plûtôt toutes les Nations du monde, tant anciennes que nouvelles, n'ont jamais connu que ces manieres, ainsi que la France, pareillement jusqu'au regne de François I.

Les Romains n'avoient pas si-tôt conquis un Pais, qu'ils y impofoient un Tribut. Qu'eft-ce qu'étoit que ce Tribut ? C'étoit ou une fomme par feu, c'eft à dire cheminée, ou un dixiéme du revenu, ce qui fe levoit par des Receveurs ou Quefteurs fans nuls frais, que des apointemens reglez à ceux qui faifoient cette recepte, & cette redevance de cheminées & de dixiéme a été long-tems l'unique redevance en France, ainfi que dans les autres Provinces qui y ont été jointes; ce qui eft encore en Angleterre, & feroit encore en France, fans que cela n'enrichit que le Prince & les Peuples.

Ainfi nul deconcertement dans le Commerce, nul embarras dans le trafic des Peuples, & par confequent ni Juges, ni Ordonnances pour ce fujet, dont on ne trouve pas la moindre trace chez tous les Ecrivains, qui

nous ont laiſſé l'Hiſtoire de tous ceş
Maîtres du monde.

Le Monarque Ottoman adminiſtre
aujourd'hui une domination de douze cens lieuës d'étenduë, à le prendre
preſque de tous les côtez de la même
façon.

Soixante & dix Receveurs repan-
dus dans les diverſes contrées, qui
compoſent cet Empire, font toute la
recette, & en comptent tous les trois
mois à un Receveur General, reſi-
dant dans la Capitale, qui raporte
enſuite aux Miniſtres, ſans que cela
prenne plus d'une heure ou deux la
ſemaine, de tout le tems des uns ou
des autres.

Tous les Tributs de ce grand Empire, ſe terminent à deux genres uniquement; ſavoir, une legere Capitation, qui ſe paie également depuis
les enfans de la mamelle juſqu'au
plus grand âge, & les Doüannes ſur
les ſorties & entrées des Etats du
Prince ſingulierement. Ce qui a un
taux certain; ſavoir, trois, cinq, ou
dix pour cent, qui eſt le plus haut
degré. Ainſi nul Juge, nulles Ordonnances;

nances ; parce qu'il n'y a nul procez
fur de pareilles matieres , non plus
que dans l'Empire Romain , ou plûtôt dans tous les Etats du monde.

Le Mogol a cinq cens millions d-
revenu, adminiſtrez de pareille façone
ce qui fait qu'on en a une connoiſſance parfaite ; cette Doüanne , dis je,
eſt affermée ſoixante-huit millions
par un bail de deux lignes; ſavoir que
tout ce qui ſort & entre, doit la dixiéme partie en argent ou eſſence au
choix du Marchand : de façon qu'il
ne faut pareillement ni Juge ni Ordonnance pour les Impôts , parce
qu'il ne peut y avoir de procez.

En Angleterre preſentement , le
Peuple , que l'on ſait être le moins
ſouple de la terre , paie tranquillement le cinquiéme de tous ſes revenus , dont l'aſſiette ſe fait par les habitans de chaque Paroiſſe, & la perception par les Miniſtres ou Curez,
qui eſt porté droit en recette , ſans
frais & ſans procez.

Cependant , ce Peuple ſi jaloux
de ſa liberté , ſe porte volontiers à
de ſi hautes Contributions, non pour

defendre fon païs , que l'on voudroit
envahir , mais par pure jaloufie &
envie de la gloire du premier Prince
du monde ; parce que le Ciel le comble de benedictions , ainfi que fa famille roiale.

En Hollande la contribution des
Peuples pour une guerre qui a le même objet , va à la troifiéme partie des
revenus. Cependant , là non plus
qu'en Angleterre , on n'y voit nuls
pauvres , quoi que ces païs foient
beaucoup moins bien partagez par la
nature , que n'eft pas la France.

C'eft à dire , que qui que ce foit
n'y demande l'aumône en titre d'of-
fice , & il n'y a point de fujet fi dépourvû qu'il puiffe être , qui loin d'ê-
tre reduit au pain & à l'eau , n'ufe
de viande & de liqueur , ou de nouriture équivalente , ne foit vêtu de
drap & chauffé de fouliers , la chauf-
fure de bois y étant tout à fait incon-
nuë.

Cependant ce cinquiéme en Angleterre , & même plus , & ce troifiéme en Hollande , de tous les revenus , s'exige & se perçoit , non feu-

lement fans procez & fans queſtions,
mais même fans contrainte, exçcu-
tions ni empriſonnemens.

Bien que dans l'un & dans l'autre
de ces deux Etats, ce degré d'impôts
aille à plus de cent millions par an,
c'eſt à dire, fur le pied de plus de
trois cens millions en France, par
raport de la difference des richeſſes
naturelles de ces Contrées, avec celles de ce Roianme.

Et c'eſt auſſi ce qu'il a paié, tant
qu'il a été adminiſtré par les mêmes
principes que l'Angleterre & la Hollande, c'eſt-à dire, quand le nombre des Impôts fe reduiſoit à trois ou
quatre genres, étoient juſtement re-
partis & paſſoient droit des mains
des Peuples en celles du Prince.

Que ce diſcours ne ſurprenne, ni
ſouleve point les eſprits ; la preuve &
la verification en vont être faites,
en parlant du Regne de François I.

Mais pour l'anticiper en quelqua
maniere, on dira que cela eſt aiſé à
ſupoſer dans une diſpoſition où il n'y
avoit que trois ou quatre genres de
Tributs, & cent ou ſix-vingt per-

ſonnes au plus , paiez par le Prince
pour les percevoir , & nuls Juges,
parce qu'il n'y avoit point de procez,
nulles terres en friches , ni nulles
denrées en perte au marchand.

Au lieu qu'à preſent il n'y a pas
moins de dix mille genres de Tributs,
y en aiant plus de cent cinquante ſur
la ſeule adminiſtration de la Juſtice,
tous venus depuis 1660. dix mille
Juges pareillement , au moins , qui
n'ont d'autre fonction , que de deci-
der les procez , inſeparables de pareilles manieres , & cent mille hommes emploiez à la perception , ou à
en pourſuivre le paiement ; ſe paians
preſque tous par leurs mains avec la
liberalité que tout le monde leur connoît , c'eſt à-dire , que le dernier
des hommes croit pouvoir faire legi-
timement , & fait pour l'ordinaire
une fortune de Prince.

Le tout ſans parler de la part du
neant qui en abſorbe , comme on a
déja dit , qui naiſſant ſous les pieds
des pareils Entrepreneurs , en abſorbe ſur vingt parts , dix-neuf, n'en
paſſant aux mains du Roi que cette

vingtiéme partie, sur laquelle il leur faut encore pour leur particulier, les preciputs marquez, ensorte que plus de la moitié du Roiaume est inutile, tant au Prince qu'à ses Peuples.

Que l'on ne quitte jamais de vûë un moment les Vignes de Mante, qui étant un Barometre d'une cause generale, prouve également pour tout le Roiaume, & ceux qui se trouveront choquez par un pareil énoncé, n'auront d'autre parti à prendre, qu'un profond silence ; autrement, sur la moindre negative, ils s'atireront plus qu'un simple soupçon d'avoir participé dans de pareils desordres, pour plus que par des surprises.

Mais pour revenir à la Gestion & au Gouvernement de la France durant onze cens ans, on peut assurer qu'elle a été regie depuis son établissement, jusqu'à la mort de François I. arrivée en 1547. comme l'Angleterre & la Hollande, ou plutôt comme tous les Etats du monde.

Les Rois vivoient & subsistoient magnifiquement de leurs seuls Domaines, hors les occasions extraordinaires, comme des guerres qui pouvoient survenir, que leurs Sujets donnoient tous les secours necessaires par les canaux marquez de Dixiéme ou de Cheminées.

La Religion par des surprises assez connuës, s'est fait donner la plus grande partie de ces Domaines ; ce qui l'a entierement perduë, au raport de Gerson, parce qu'alors l'ignorance étoit si grande, qu'on ne connoissoit presque point d'autre pieté, que de donner ses terres & ses fonds à l'Eglise, jusques là que l'on avoit l'absolution en mourant de les avoir volées & enlevées de force aux legitimes possesseurs, lors qu'on en donnoit une partie aux Ministres de la Religion.

Outre que ces faits se trouvent raportez dans les Originaux, Mezerai Auteur celebre, en fait une ample mention avec des circonstances encore plus affreuses ; en sorte qu'on n'a crû rien faire d'extraordinaire d'en toucher quelques mots, pour obliger à faire attention aux acquisitions que font les mains mortes tous

les jours avec aplaudissement en
France, bien qu'elles soient defen-
duës dans tous autres Etats Chrétiens,
& que le Prince des Pais-Bas fasse ser-
ment en prenant possession, que l'E-
glise n'aquierera rien de son regne,&
la Republique de Venise crut autrefois pouvoir & devoir entreprendre
une guerre contre Rome, jusqu'à se
faire excommunier pour ce sujet.

Ces manieres qui firent bannir la
Religion Catholique de Suede dans
les siecles passez, pour retirer presque
tous les biens du Roïaume, dont
elle s'étoit emparée, & les reünir à
la Couronne, dont ils font presque
seuls l'entretien aujourd'hui, oblige-
rent les Rois de France de mettre
d'abord les Tailles sur les Peuples,
qui se percevoient par les Peuples
mêmes, sans aucun ministere étranger: Elles n'étoient pas perpetuelles,
mais suivant & à proportion des ocasions.

On y ajoûta ensuite les Aides dans
les Villes franches, pour y tenir lieu
de taille, dont la perception se faisoit
également par les Peuples, presque

uniquement fur les Cabarets, tous les Nobles & Privilegiez en étant exéts, n'y aiant alors nuls droits d'entrée, ni de paffage, mais feulement quelques droits de fortie hors le Roiaume, ce qui fe pratique par tout.

Les Gabelles ou l'Impôt fur le Sel vint enfuite, c'eft-à-dire que les Rois achetoient toute cette denrée des Proprietaires, qui la faifoient fabriquer & la faifoient revendre dans des Greniers, avec obligation aux Peuples de n'en point prendre ailleurs, quoi que ce fût à un prix trésmoderé, & qui étoit quatre fois moindre que celui d'aujourd'hui, quoi que le Prince en tirât beaucoup davantage par proportion & par raport aux taux où toutes chofes étoient dans ce tems-là.

Ainfi tout fe reduifoit à ces quatre fortes de revenus prefque adminiftrez fans aucune main étrangere que celle des Peuples.

Il n'y avoit ni Miniftres, ni Confeil des Finances : la Cour des Aides de Paris fe reduifoit à quatre Officiers ; les Treforiers de France à deux,

& l'Election de même, qui étoient plûtôt des Directeurs, que non pas des Juges de procez qui ne pouvoient jamais naître.

Et les Ministres du Prince n'avoient d'autre fonction que la difpenfation, & nullement pour la perception, quoi qu'à prefent, quand les journées feroient fix fois plus longues à leur égard qu'à celui des autres hommes, ils n'auroient pas la moitié du tems neceffaire, ainfi que quantité d'autres perfonnes qu'ils apellent & affocient tous les jours ; bien loin alors d'être acablez, & de fucomber prefque comme aujourd'hui fous le faix, il étoit indifferent qu'ils fuffent dans le Roiaume pour ce fujet, ou abfens à deux ou trois cens lieuës.

La levée des deniers du Prince, qui étoit uniquement l'affaire des Peuples, n'en étoit pas retardée d'un moment, temoins Briffonnet & Devers, les deux premiers Miniftres des Finances du Roi Charles VIII. qui l'aiant acompagné à la conquête du Roiaume de Naples dans un voiage qui dura vingt-deux mois, les recep-

res des deniers du Prince n'éprouve-
rent aucun retardement.

Voila comme les affaires étoient
administrées, c'est à dire, sans nul
emploi ni ocupation pour la percep-
sion des Finances, de la part de ceux
qui gouvernoient.

Il faut voir maintenant quel en
étoit le produit, & si les choses aiant
entierement changé uniquement en
France depuis ce tems, du tout au
tout, on peut soûtenir, sans renoncer à la raison, que ç'a été pour
l'avantage du Roiaume, tant par
raport à la quantité que le Prince reçoit, que de la facilité que les
Peuples ont à lui fournir ses redevances & ses besoins, tant à l'ordinaire que dans les conjonctures importantes, comme est celle d'aujour-
d'hui.

Le Roi François I. qui fut le dernier Regne où cette heureuse situation ne reçût point d'ateinte ; savoir,
où les Peuples seuls se mêloient des
Impôts, qui se reduisoient à trois ou
quatre genres, ainsi qu'on a dit, &
non pas à dix mille comme aujour-

d'hui sans aucun ministere étranger, à plus forte raison sans donner de l'emploi à plus de cent mille hommes qui font presentement cette fonction, avec une forte esperance, à l'exemple de leurs semblables, d'y faire une très - grande fortune, par la destruction du Commerce & du Labourage, si l'on ne veut pas dire par la ruine du Roi & de ses Peuples, quoi que ce soit la même chose. François premier, dis - je, levoit seize millions de Tribut reglé dans son Roiaume, qu'il laissa tranquillement à son successeur, quoi qu'il possedât un cinquiéme moins d'Etats que ne fait à present le grand Monarque qui regne.

Cela se voit dans les Memoires de Monsieur de Sully imprimez, lequel avoit vû & vêcu avec les contemporains.

Or on maintient que les seize millions de ce tems fournissoient au Roi François I. sur le pied de deux cens quarante millions : en sorte que s'il avoit joüi de ce qui a été reuni à la France depuis, il auroit eu trois cens millions de rente , fans qu'il y eût rien manqué.

Que l'on marche encore une fois bride en main fur le pretendu ridicule de ce fait ; il eft veritable dans tout fon contenu , & ce qui va fuivre en va faire convenir ceux-mêmes qui auront plus de defagrément à paſſer un pareil aveu , par raport à l'interet & à la part qu'ils ont aux manieres que l'on pratique.

Les Peuples , fous François I. paioient deux cens quarante millions d'aujourd'hui ; parce que pour fournir cette fomme de feize millions, il leur faloit vendre la même quantité de denrées qu'il feroit neceſſaire pour paier à prefent deux cens quarante millions , & le Roi jouiſſoit de deux cens quarante millions , parce qu'avec cette fomme , ceux à qui il les diftribuoit , fe procuroient le même degré de leurs befoins , qu'ils pourroient faire à prefent avec deux cens quarante millions.

Toutes chofes n'étoient qu'à la quinziéme partie du prix qu'elles font aujourd'hui.

Pour

Pour en convenir, il n'y a qu'à jetter les yeux sur les Ordonnances de
Police imprimées dans ce tems-là,
on verra que le bled est apprecié à
vingt sols le septier, mesure de Paris,
qui doit être & a même été depuis
trente ans, l'un portant l'autre, à
quinze ou seize francs, quoi que le
partage en ait été tres-mal fait, aiant
été tantôt une fois plus haut, & tantôt une fois plus bas, qui est une des
principales causes de la misere de la
France; bien que ce ne soit rien moins
que l'éfet du hasard, mais d'un zêle
aveugle & d'une pieté mal comprise;
ce qui étant aisé à retablir, sera la
principale ressource dans la conjoncture presente, pour la fourniture des
quatre-vingt millions.

Mais pour revenir à la parité des
seize millions du Roi François I. avec
deux cens quarante millions d'à present, on soûtient que de dire que ce
n'est pas la même chose sans aucune
difference, c'est soûtenir que le Roi
S. Loüis qui ne donnoit que six mille
livres à sa fille en la mariant à un Roi
de Castille n'étoit pas plus riche qu'un

mediocre homme de boutique aujour-
d'hui dans Paris , qui donne souvent
plus que cette quantité d'argent à un
gendre de même métier que lui.

Il faudroit pareillement dire qu'un
maître Maçon qui gagnoit quatre deniers par jour , il y a trois cens ans,
dans Paris , comme l'on voit par des
Regiſtres publics de ce tems là , donnoit tout ſon tems & toute ſa peine
pour moins que demie livre de pain
par jour ; & comme il n'y eût pas eu
ſeulement aſſez pour déjûner , il faloit que pour le ſurplus lui & toute ſa
famille demandaſſent l'aumône , ſi
ces quatre deniers ne ſuffiſoient pas
pour avoir autant de denrées que l'on
ſe procureroit à preſent avec trente
ſols.

On ne pouſſera pas plus loin le ridicule de ceux qui voudroient ſoûtenir qu'il y eût de la diſparité entre les
ſeize millions du Roi François I en
revenu reglé , tant dans la cauſe que
les effets , & deux cens quarante millions d'à preſent.

Mais pour faire voir que la ſuite &
la dependance de ſon regne repondoit

à une pareille richeſſe , il n'y a qu'à
jetter les yeux ſur ce qui ſe paſſa de
ſon tems.

Perſonne n'ignore que preſque
durant tout le tems qu'il vêcut , c'eſt
à dire, pendant plus de trente ans,
il eût toutes les mêmes puiſſances
conjurées à la ruine de ſon Roiaume,
qu'éprouve aujourd'hui la France.

L'on ſait encore que toutes , au
lieu d'obéïr à differents Princes ,
comme à preſent, ſe reduiſoient à
une ou deux têtes ; ſavoir l'Empereur Charles-Quint & ſon frere Fer-
dinand, Roi de Hongrie: l'Angleterre ſe mit ſouvent de la partie ; le
Pape & les Veniticns de même ; il
n'eſt pas juſqu'aux Suiſſes qui lui declarerent la guerre , & ſur laquelle
Nation tres-belliqueuſe , il obtint
l'unique & la plus grande victoire
qu'aucun Prince ait jamais rempor-
tée ſur eux.

Avec tout cela , non-ſeulement il
ne perdit pas un pouce de terre , aug-
menta conſiderablement ſon Domaine , ſur tout en Italie , mais même on
peut dire qu'il auroit conquis tous les

païs de ſes ennemis , qui ne lui pouvans reſiſter à force ouverte , ſi ils
ne lui euſſent pas corrompu , non
ſeulement ſes Princes , ſes principaux
Officiers , mais même juſqu'à ſon
Conſeil , ce qui ſeul lui fit perdre la
liberté à la bataille de Pavie , le Du-
ché de Milan , le Roiaume de Naples , & même l'Empire.

Bien loin que tant d'ennemis lui
fiſſent retrancher ſon autre depenſe,
jamais Prince n'avoit été plus magnifique avant lui , ſoit en achats de
meubles precieux , puis qu'il donna
d'une ſeule tapiſſerie vingt-deux mille écus , revenans à près d'un million
d'aujourd'hui, que Charles-Quint ſon
adverſaire ne pût paier, quoi qu'il en
eût envie, & que le Marchand, comme Flamand , fût ſon ſujet ; ſoit en
conſtructions de Palais ſuperbes.

De plus , il retablit les Lettres dans
ſon Roiaume , & même dans l'Europe , aiant fait venir tous les habiles
gens en toutes ſortes de Sciences , par
de grands frais , & les entretenans de
groſſes penſions.

Comme l'Imprimerie ne faiſoit

alors que de commencer, les Exemplaires des meilleurs & plus rares Auteurs étoient en Manuscrit, dont l'ignorance des Siecles precedens avoit
tres-mal pourvû la France, c'est ce
qui l'obligea à faire encore une depense effroiable, tant par l'envoi de
Gens à ce connoissans dans les Contrées les plus reculées du Levant, que
pour l'achat de ces mêmes Manus-
crits, qui coûterent souvent des sommes considerables.

Deux ans avant sa mort, bien loin
que tant de guerres, dans lesquelles
il avoit bien souvent éprouvé de tres-
mauvais succez, l'eussent épuisé, &
mis son Roiaume à bout, il équipa
une Flote de deux cens voiles, aussi-
bien fournie de monde & d'armemens qu'elle pourroit être aujour-
d'hui, en n'y épargnant rien, avec
laquelle il ravagea les Côtes d'Angleterre, & conquit l'Isle de Wicht,
sous le Regne de Henri VIII. le Prince le plus riche, le plus puissant & le
plus accredité & autorisé que jamais
cette Isle ait vû dominer sur elle, qui
fut obligé de battre en retraite, ne lui

aiant pû opofer à un pareil nombre
de voiles. Les Armées n'étoient pas
à la verité à beaucoup prés ſi nom-
breuſes qu'aujourd'hui , mais elles ne
coûtoient pas moins : un Gendarme,
dont il y en avoit bien plus grand
nombre , tiroit aſſez pour nourrir
quatre hommes & quatre chevaux,
qui étoient autant d'aides dans les
conbats ; & la paie d'un fantaſſin re-
venoit à plus de quarante ſols d'aujourd'hui , ne l'étoit pas qui vouloit,
on choiſiſſoit , & tous avoient un
Goujat ou un Valet ; cela ſe voit dans
les Memoires imprimez d'un nommé
Boivin Courier du Cabinet , qui a
fait imprimer le Détail des Guerres
de Piémont.

Et le Roi François I. en mourant
en 1547. loin d'être acablé de dettes,
dont il n'avoit que très peu , il laiſſa
quatre millions d'argent comptant :
quelques-uns même diſent huit ;
mais s'en tenant au premier , c'eſt
plus de ſoixante millions par raport
au prix d'aujourd'hui.

Toutes ces magnificences & toutes ces depenſes furent-elles opérées

en foulant ſes Peuples , & par le
moïen de contraintes, d'executions
& d'empriſonnemens?

Rien moins que cela ; & pour en
convenir, il ne faut que l'écouter
parler en ſon lit mortel (voici ſes dernieres paroles, raportées par un Con-
temporain) à Henri II. ſon Fils &
ſon Succeſſeur. ,, Saches, mon Fils,
,, que je te laiſſe un beau Roiaume,
,, rempli des meilleurs Peuples qui
,, ſoient ſur la terre ; non ſeulement
,, ils ne m'ont jamais rien refuſé ;
,, mais même ils ont toûjours preve-
,, nu mes beſoins : Mais ſache auſſi
,, en même tems, que je ne leur ai rien
,, demandé que de juſte , & que de
,, ma connoiſſance je n'ai jamais fait
,, violence à perſonne ; car ſache,
,, mon Fils, que ce ne ſera point ni le
,, grand nombre de Troupes , ni les
,, Armées formidables qui te feront
,, craindre à tes ennemis, mais ſeule-
,, ment l'amour que tes Sujets auront
,, pour toi ; outre cet avantage , ce
,, te ſera une grande conſolation,
,, quand tu auras à comparoître de-
,, vant Dieu , comme je vas faire dans

» peu d'heures , de n'avoir rien fait
» que de juste.

Ce Testament étoit veritable au
pied de la lettre , vû les sommes & les
manieres dont on usoit en France,
pour tirer sur le pied de trois cens millions d'aujourd'hui.

Quelque difference qu'il y ait assu-
sément dans la réussite , il s'en trouve encore mille fois davantage dans
le ceremonial du recouvrement d'à
present.

Par le premier, il n'y avoit que trois
ou quatre sortes d'Impôts, & dans le
second, il y en a plus de dix mille : &
s'il ne s'en trouve pas davantage, c'est
parce qu'il ne se rencontre plus de
personnes pour les établir, parce que
n'y aiant plus rien à détruire , il n'y a
par conséquent rien à gagner. Tout
passoit droit sans embaras de Province à autre , & même des deux extre-
mitez du Roianme , & à present il y
a trois à quatre cent d'Impots par
cent d'une Contrée limitrophe dans
la voisine , & même fait petit tour,
qui est un Tribut que les Nations les
plus barbares n'ont jamais demandé à

leurs plus grands Ennemis ; fans parler de la multiplicité de Bureaux , qui
eſt un redoublement & triplement de
mal. Les Corſaires d'Alger & de Ma-
roc aiant pris un Vaiſſeau Chrétien,
le rendent au Proprietaire pour le tiers
de ſa valeur , afin de ne le pas ruiner
& de le reprendre une autre fois ; par
un interêt public qui reſide dans le
Divan ou Conſeil : Au lieu qu'un
Traitant en France ne ſe ſoucie pas
que tout periſſe après lui , pourvû
qu'il faſſe ſa fortune.

Sous François I. il n'y avoit que
les Peuples qui ſe mêloient du recouvrement , & cela ſans frais ; & à preſent il y a plus de cent mille perſonnes
qui vivent & s'enrichiſſent deſſus ,
c'eſt à dire aux dépens du Roi & des
Peuples.

Et ce qu'ils tirent même pour leur
ſubſiſtance , eſt dix-neuf fois moins
violent que ce qu'ils aneantiſſent de
biens , puis qu'il eſt conſtant qu'ils ne
levent pas plus de huit cens millions,
que leur ſeul miniſtere a abîmez , &
dont plus de cinq cens peuvent reſſuſ-
citer en un moment , quand on vou-

dra bien ouvrir les yeux fur un pareil menage : & afin de ne pas gendarmer les Acteurs , on repete encore ce que l'on a déja dit , que l'on ne congediera pas un feul des Entrepreneurs ordinaires ; on traitera avec eux pour quelques feuls adouciffemens de leur confentement.

Voions par quels degrez cette heureufe fituation du Regne de François I. a commencé à decliner, & eft enfin arrivée à fon comble , comme on peut dire qu'elle eft aujourd'hui : la feule reconnoiffance de la caufe du mal , fera tout le remede par fa ceffation , ces deux chofes étant infeparables dans un Art comme eft le gouvernement des Peuples , c'eft à dire que le remede d'un mal n'eft jamais que la ceffation de fa caufe , quoi que on ait allegué pitoiablement , que l'Auteur du premier Ouvrage fur ce fujet , avoit trouvé le principe du defordre , mais n'avoit pas trouvé le remede ; ce qui eft une impertinence achevée , puis que l'un ne va jamais fans l'autre : non plus qu'il ne peut y avoir de montagne fans vallée.

CHAPITRE VII.

ON est obligé de dire un mot avant que de parler de la premiere atteinte que reçût l'heureuse situation du Regne de François I. & des precedens, de la maniere dont la dispensation des revenus du Prince se faisoit.

Chaque année portoit necessairement ses charges, parce que chaque fonds avoit sa destination, à laquelle on ne touchoit jamais, & la levée étoit plus ou moins grande, suivant les besoins de l'Etat au pied de la lettre.

Il n'y avoit point de renvoi de la charge d'une année ; ce qui a fait depuis une confusion éfroiable, parce que par ces renvois d'année sur autre, tout étant consommé, souvent deux ou trois ans avant qu'il soit dû & échû, & survenant des besoins necessaires & inopinez, il faut avoir recours à des manieres ruineuses pour le Prince & pour ses Peuples, comme

des emprunts à gros interêt, & autres
choses encore plus desolantes.

Voila la premiere breche par où
les Traitans se donnerent entrée pour
offrir leur malheureux ministere, lequel comme une pelote de nege, a
toûjours grossi, jusqu'à ce qu'enfin il
soit parvenu à son comble, comme
on peut dire qu'il est aujourd'hui.

Ce qui neanmoins ne seroit pas
arrivé, si des personnes puissantes,
comme on va dire, ne s'étoient mi-
ses de la partie, pour participer au
gain éfroiable que faisoient de pareils
Entrepreneurs, à la ruine du Roi &
de ses Peuples.

Monsieur Fouquet, dans ses Défenses imprimées & signifiées au conspect
du celebre Tribunal devant qui il
avoit à repondre, atteste cette verité,
qu'il n'y avoit jamais de renvoi de char-
ges d'une année à l'autre, dont la pratique cessée, a fait toute la confusion
des finances, aiant établi le pouvoir
de pêcher en eau trouble, par l'impossibilité où l'on étoit de découvrir
les fraudes & les surprises parmi de si
grandes tenebres.

Lors

Lors de la priſon du Roi François
I. les Enfans de France aiant été donnez en ôtage ; pour les retirer, il falut
paier leur rançon, eſtimée à douze cens
mille écus d'or, valans quatre millions
de ce tems-là, c'eſt-à-dire plus de cinquante millions d'aujourd'hui.

On ne s'aviſa point d'avoir recours
aux Traitans, aux Partiſans, encore
moins à des conſtitutions de rentes
ſur le Prince, qui eſt la même choſe
que ſi les Peuples ſe conſtituoient eux-
mêmes, puis qu'il leur tombe également en charge de paier le capital &
les interêts, quoi qu'on s'aveugle aſſez aujourd'hui pour croire le contraire, & l'on regarde fort indifferem-
ment les dettes que le Prince contracte ; en ſorte qu'on aime mieux que le
Monarque conſtituë ſur lui un million de rentes à un denier ou interêt
éfroiable, que non pas qu'il deman-
dât un écu à chaque particulier, qui ſeroit bien fâché d'ailleurs, s'il eſt ſage,
de ſe conſtituer pour le paiement des
arrerages de ſes dettes, ou pour ſa dépenſe ordinaire, puis que cette conduite l'envoieroit bien-tôt à l'aumô-

ne ; eependant , que le Roi ou lui en
uſent de la ſorte , c'eſt également la
même choſe, quoi qu'encore une fois,
qui que ce ſoit n'y faſſe pas la moindre
reflexion.

Mais pour revenir à la rançon des
Enfans de France , cette ſomme é-
froïable ne ſe pouvant trouver dans
les revenus ordinaires, les Peuples ne
balancerent pas un moment à ſe cot-
tiſer à un dixiéme de tout leur revenu;
Ce fut chaque lieu , c'eſt à-dire chaque Ville ou Village qui fit l'impoſition , la repartition , la collecte &
l'aport en recette , aprés que la maſſe avoit été partagée par tous les
Députez des Provinces , au niveau
des precedens Impôts qui en faiſoient la regle.

On en uſa de même en pluſieurs
autres rencontres, & ce dixiéme avoit
été paié plus d'une fois, ainſi que ſous
le Roi Jean : Ce qui eſt l'uſage de toutes les Nations du monde , le tout
ſans miniſtere étranger, autorité ſupe-
rieure , ni aucuns frais.

Mais il faut enfin venir à la fatale
époque où ces heureuſes manieres

pirent fin, pour donner naiſſance
à celles qui ont enfin reduit la France
en l'état où elle eſt,& non point tous
ſes Ennemis, dont elle ſe moquera
toûjours,étant plus puiſſante elle ſeule que toute l'Europe enſemble, lors
qu'elle emploiera toutes ſes forces,
c'eſt-à-dire quand elles ne ſeront pas
énervées par des meſures qui lui font
plus de dommage que ſes plus redou-
tables adverſaires : Ce qui peut être
operé par deux heures de travail ; &
cela au ſentiment de Tacite, qui a dit
& publié il y a plus de quinze Siécles,
Galli ſi non diſſenferint, vix vinzi poſſunt:
Que la France eſt invincible lors-
qu'elle ne ſe fera point la guerre à
elle-même, comme on peut dire
qu'elle ſe fait depuis 1660. d'une maniere éfroiable ; & pour en convenir,
il n'y a qu'à jetter les yeux ſur ſes
Campagnes deſolées, ou plûtôt la
perte de la moitié de ſes richeſſes, &
il faudra convenir que ſes plus grands
Ennemis n'auroient jamais pû lui
produire un pareil ravage, ni lui
cauſer tant de dommage dans leurs
plus grandes victoires.

H 2

Pour entrer donc en matiere sur la naissance de la cause de sa ruine, ce fut sous le Regne du Roi Henri II. Succeßeur de François I. que les premiers fondemens en furent jettez.

Catherine de Medicis qu'il avoit épousée fort jeune, & n'étant encore que Duc d'Orleans, étoit une Princeße qui aimoit la magnificence & la trés grande profusion, c'est-à-dire qu'elle se plaisoit à depenser plus que ne portoient ses revenus ordinaires, ainsi il lui falut avoir recours à des moiens étrangers.

Sa beauté, son esprit & sa fecondité la faisant extrêmement considerer par le Roi son Epoux, & lui laißer par consequent un degré d'autorité neceßaire à changer l'état des choses : Ce fut alors que les Italiens qui étoient à sa Cour, & dont quelques uns étoient ses proches parens, lui offrirent leur service pour ce sujet, c'est-à dire d'avancer de l'argent sur de nouveaux Impôts ou Creations, traitans à forfait d'une nouvelle affaire, dont ils savoient bien que le Roi auroit la moindre partie, & eux le

tefte , qu'ils partageoient avec elle,
comme l'on verra dans la fuite.

La creation des Prefidiaux que l'on
éclipfa des Parlemens fans aucun dé-
dommagement , & des Lieutenans
Criminels, dont on ôta les fonctions
aux Lieutenans Civils, fe trouvent
en premiere datte, & voila la premiere gráine d'une femence qui a tant
provigné par la fuite.

Comme il falut donner des gages
à tous ces nouveaux Officiers,& même aux Lieutenans Civils pour les
dedommager en quelque maniere de
cette nouvelle érection ; ce fut plus
de cinquante mille écus de rente, auquel le Roi fe trouva conftitué.

Il fe fit encore beaucoup d'autres
nouveautez trop longues à detailler ;
& s'il n'y en eut pas davantage, ce
ne fut pas manque de bonne volonté
du côté de la Reine.

Le Conneftable de Montmorenci,
qui avoit la principale part au Confeil, ne lui permettoit pas de tailler
en plein drap.

Après la mort du Roi Henri II,
fon Mari, ce fut à peu prés la même

H 3

chofe; l'intention ne manqua pas à
la Reine, mais les Princes de Guife
qui avoient grand'part au Gouvernement, à caufe de Marie Stuard leur
Niece, Epoufe du Roi regnant François II. & ces Princes étans d'ailleurs
tres populaires, & par conféquent
trés ennemis des nouveautez, quelque grande vocation que Catherine
de Medicis eut pour de pareilles affaires, qui lui étoient pareillement inf-
pirées par les Italiens, il falut qu'elle en prit par où elle pouvoit, &
non pas fuivant fa volonté.

Mais enfin aiant été delivrée de
cette entrave par la mort du Roi
François II. qui arriva bien tôt aprés,
elle n'eut ni repos ni patience qu'elle
n'eût renvoié Marie Stuard fon Epoufe, dans fon Ifle.

Et cela, par une derogeance à la
plus groffiere politique, puis qu'aiant
encore trois Fils à marier, & ces fortes de difpenfes étant aifées à obtenir
entre Souverains, il étoit des interêts de la France de fe conferver une
Reine qui poffedoit actuellement le
Roïaume d'Ecoffe, & étoit heritiere

prefomptive des deux autres Monar-
chies d'Angleterre & d'Irlande, qui
étoit la raifon pour laquelle on avoit
pris tant de peine, & fait de trés-
grands armemens pour la faire venir
dans fa plus grande jeuneffe.

On marque cette chaffe, pour
montrer ce que l'on doit attendre du
zele pour l'interêt public, lors qu'il
fe trouve en compromis avec l'utilité particuliere & perfonnelle, comme le cas eft arrivé une infinité de
fois depuis ce tems ; il n'eft pas étonnant que ce dernier ait toûjours eu la
preference, puis qu'une Reine & une
Mere y fuccomba dans une occafion
fi importante, & que l'envie de gou-
verner & de dépenfer l'emporta fur
l'établiffement de fes Enfans, contre
la gloire & l'agrandiffement d'un
Roiaume, dont elle avoit l'honneur
de porter la Couronne, dont toutes
les aparences fembloient ne lui devoir jamais promettre un fi haut degré de grandeur ; ce qui devoit l'exci-
ter à en marquer plus de reconnoiffance.

Comme ce sacrifice, encore une
fois, du bien public à l'interêt particulier, est la principale & peut-être
l'unique cause de la ruine de la France, on s'est étendu sur cet article, afin
que l'on ne s'étonne point si l'on s'est
laissé aller tant de fois à une pareille
foiblesse, puis qu'une personne qui
sembloit avoir, pardevers elle un bien
plus violent preservatif pour l'empêcher d'y tomber, ne laissa pas d'y être
prise dans une si importante ocasion,
& voila la clef de la diminution, ou de
la perte des biens de la France.

Toutes les Couronnes du monde,
sur la tête d'un des Fils de Catherine
de Medicis, ne l'eussent pas dedom-
magée de la privation d'une partie du
gouvernement que Messieurs de Gui-
se se seroient retenuë au moïen de
leur Niéce, comme par le passé, il la
falut renvoier au plutôt; aprés quoi
la Regence lui aiant été acordée sous
le Regne du Roi Charles IX.

Ce fut à ce coup que cette Reine
se trouvant en quelque maniere éman-
cipée, donna pleine carriere à ses prof-
fusions, & par consequent à des affai-

res nouvelles , par le moien de Meffieurs les Italiens.

Les Etats Generaux qui fe tinrent
dans ce tems, comme c'etoit la coûtume, firent affurément leur devoir. Les
Deputez de tous les Ordres furent
chargez par toutes les Provinces , de
reprefenter que les Traitans & Partifans étoient des Voleurs publics, qui
ruinoient le Roi & les Peuples.

Comme ces Affemblées n'étoient
ordinairement convoquées que pour
avoir des fecours extraordinaires, tous
les Deputez unanimement , marquoient qu'il n'y avoit point de moien
plus court & plus certain de recouvrer de l'argent , que de reprendre le
bien des Italiens & de leurs Conforts,
l'aiant volé au Prince & au Roiaume,
& les renvoier auffi gueux dans leur
Païs, qu'ils en étoient venus, n'aians
tous rien vaillant de notorieté publique à leur arrivée.

Un Auditeur des Comptes qui fut
entendu dans les Etats fit voir que
de chaque écu que le Roi recevoit
par un pareil canel , il n'y en alloit
que quatorze fols à fon profit.

Comme tout ceci se trouve imprimé, & peut être vû de tout le monde,
on n'avance rien que de trés-certain,
ni qui puisse être soupçonné de calomnie, ou de discours seditieux.

Mais pour revenir à Catherine de
Medicis, toutes ces rémontrances
n'opererent rien, elle continua son
même genre de vie, & même après
que le Roi Charles IX fut declaré
majeur, elle se retint par son adresse la
principale part au gouvernement ;
pour à quoi parvenir, les Historiens
l'acusent d'avoir fomenté les dissen-
tions du Roiaume, ou plutôt les
Guerres civiles, afin de se rendre nécessaire, mettant un jeune Monarque
hors de pouvoir par son peu d'experience, de demêler de pareilles difficultez.

Ce qui est un surcroît de preuves,
ce que peut l'interêt particulier sur celui du Public ; Comme l'occasion
s'est souvent presentée, & que ce dernier a toûjours eu le dessous, on ne
doit pas s'étonner de la ruine de la
France, ni que l'on en mettre la principale cause sur ce compte.

Le Roi Charles IX. étant mort en 1574. Henri III. quitta la Pologne pour venir prendre la Couronne.

Par malheur il se rencontra pour la dépense, & même la plus superfluë, d'un semblable caractere que la Reine Catherine de Medicis, si même il ne la surpassa pas; puis qu'aux seules nôces du Duc de Joieuse, il en coûta douze cens mille écus, qui reviennent à plus de dix millions d'aujourd'hui.

Comme cette disposition se trouva jointe avec bien plus grande autorité que celle d'une Regence, & que les mêmes Italiens subsistoient, pour lui fournir les mêmes moiens d'y donner cours comme par le passé, on peut dire qu'alors les choses furent poussées dans l'excez.

Et cela alla à un si haut degré, que les Pourvoieurs de sa Maison n'étant point du tout paiez, refuserent absolument de rien fournir davantage; en sorte qu'elle eût été tout à fait sans ordinaire, si le tiers Etat ne s'étoit obligé à paier personnellement les Interessez.

Ce fut toûjours la même confuſion & le même deſordre juſqu'à ſa mort.

Le Roi Henri IV. étant venu à la Couronne, comme il s'y introduiſoit de la maniere qu'il pouvoit, ainſi qu'il déclaroit ſouvent lui-même, c'eſt à dire avec mille peines & mille embarras, le Roiaume étant plûtôt une conquête à ſon égard qu'une ſucceſſion, il n'étoit point du tout en état de reformer, ni de trouver à redire dans tout ce que ceux qui étoient chargez du ſoin des Finances faiſoient, quoi que trés-defectueux & trés-rempli de prévarication.

Mais en 1594. ne ſachant plus où donner de la tête ſeulement pour vivre, & étant obligé d'aller manger chez le tiers & le quart, comme on voit par des Lettres imprimées qu'il écrivoit à Monſieur de Sully : Ce même Monſieur de Sully, lors âgé de trente-huit ans, & aiant paſſé toute ſa vie à la Guerre, & non dans les Finances, ne balança point à prendre ſon parti.

Il fit remarquer à ce Monarque, que c'étoit les Traitans & les Partisans qui le reduisoient en ce pitoïable état; sur quoi le Roi lui aïant reparti, par quelle raison donc le Surintendant & son Conseil les souffroient & admettoient-ils ? Monsieur de Suily lui dit, que c'étoit parce que le même Surintendant & tout son Conseil étoient de moitié avec tous ceux qui le desoloient, ainsi que ses Peuples.

Et pour lui justifier une si violente accusation, il lui fit voir un Catalogue de tous les Interessez dans les Fermes Generales, où le Surintendant d'O, les Intendans des Finances & les Conseillers d'Etat étoient à la tête, ainsi que dans les autres affaires particulieres ; les unes & les autres s'ajugeant également devant eux; ce qui les rendoit Juges & Parties.

Le Grand Duc de Toscane, parent de Catherine de Medicis, avoit trouvé le métier si bon, qu'il s'étoit mis de la partie : ce qui est une certitude que la Reine y avoit eu sa part.

Le Duc de Sully ajoûta , qu'il y avoit un moien de l'enrichir , favoir, que tous les Tributs paffaffent droit des mains des Peuples en celles du Prince.

Le Roi aiant fait voir ce projet à fon Confeil ; Tous lui repartirent , que c'étoient des fous qui lui infpiroient de pareilles manieres : A quoi il repartit fur le champ , qu'eux qui étoient trés-fages l'aiant ruiné , il vouloit voir fi les fous ne l'enrichiroient pas , ce qui ne manqua pas d'arriver , & lui de le publier par la fuite ; favoir , que les fages l'avoient apauvri , & les fous rendu opulent.

En éfet , aiant chargé Monfieur de Sully du foin de fes Finances, quoi quoi que trés inexperimenté dans cette fcience , à parler le langage d'aujourd'hui ; Cependant fon ignorance fut fi heureufe , qu'en dix ans il paia deux cens millions de dettes fur trente cinq millions de revenu qu'avoit feulement le Roi alors , & en amaffa trente fur ces trente-cinq millions de revenu d'argent fait , repoftez dans la Baftille , qui s'y trouverent à la mort de Henri IV.

Mais les Italiens ou les habiles Fi-
nanciers, étant remontez sur le theatre, à l'aide de Marie de Medicis, dé-
clarée Regente sous la Minorité du
Roi Louis XIII. & à peu prés du
même caractere que Catherine pour
la depense, les trente millions furent
consommez, sans qu'il y eût aucune Guerre étrangere, ni autres occasions extraordinaires ; au lieu qu'ils
avoient été amassez par Monsieur de
Sully en partie, pendant qu'on avoit
la Guerre avec l'Espagne, qui s'em-
para comme l'on sait, tant par surprise qu'autrement, de plusieurs Pla-
ces considerables presque aux portes
de Paris, sans qu'on allegât lors de
son entrée dans le ministere, par des
manieres nouvelles la pitoiable raison qu'on aporte aujourd'hui, que la
Guerre n'est pas propre à aucun changement, l'administration du dedans
du Roiaume n'aiant absolument rien
de commun, non plus que celle de
la Justice, avec ce que les Armées
font au dehors. Et comme il seroit
ridicule de dire, que l'on ne peut pas
faire gagner la cause à un homme

qui a l'équité de son côté , par la raison de la guerre qui est en Italie & en Espagne ; il est de la même absurdité de se dispenser par cette raison, de partager justement les Tributs, tant sur les personnes que sur les denrées , dont le derangement coûte au Roiaume plus vingt fois que le Roi n'en tire , & par consequent beaucoup davantage qu'il ne faudroit pour faire finir la même Guerre ; ainsi ces objections sont le contraire de ce que la raison la plus grossiere devroit dicter ; Mais il en va de ces allegations, comme dans tous les mauvais procez, celui qui a tort n'a d'autre ressource que chicaner pour reculer le jugement.

On a fait cette disgression , parce que de pareilles objections sont aujourd'hui le cheval de bataille ordinaire , dont on combat le rétablissement de la France , en se retranchant sur le delai , pour arrêter des manieres qui font horreur au Ciel & à la Terre , pendant qu'absolument il ne faut que deux heures , Monsieur de Sully n'en aiant pas emploié davanta:

ge pour établir son projet au milieu
de la guerre.

Mais pour revenir à la chronique
du ministere de Marie de Medicis, les
Italiens aiant replongé le Roiaume
en l'état où Monsieur de Sully l'avoit
tiré, il leur fut ôté de la façon que tout
le monde sait, c'est-à dire un peu violente, quoi que tres-juste au fond.

Le Cardinal de Richelieu vint peu
de tems aprés sur les rangs ; & sans
entrer dans le détail de son ministere,
on dira seulement que tous les revenus du Roiaume doublerent de son
tems, ainsi que ceux du Roi, auquel n'aiant trouvé que trente-cinq
millions de rente, il en laissa soixante
& dix à sa mort.

Les Italiens revinrent à la charge,
& recommencerent leurs manieres
sous une Regence, par de pareilles
pratiques que sous Marie & Catherine de Medicis.

Ils y trouverent des opositions
sans nombre & toutes constamment
pour le service du Roi durant sa minorité : Il ne faut point dire, quoi
qu'on ait donné un autre jour & une

I 3

autre interpretation à ce qui se passa
alors, que c'étoit par un esprit de rebellion ; puis qu'outre le temoignage
du Roi François I. qui marque, *qu'il
n'y eut jamais de Peuple plus soûmis*,
de celui de Guichardin Historien Ita-
lien, qui parlant de la Bataille de
Fornove, où la personne du Roi
Charles VIII. se trouvant en peril,
toutes les Troupes se rassemblerent
aussitôt autour de lui, *parce que, dit-il,
cette Nation aime son Roi jusqu'à l'a-
doration :* Outre, dis-je, ces preuves
autentiques, on ne pouvoit pas acu-
ser les Contemporains de vouloir fermer leur bourse au Souverain, puis
qu'ils avoient vû tranquillement tripler les Tailles en moins de trente
ans, parce que c'étoit des sommes qui
passoient droit des mains des Peuples
en celles du Prince.

C'étoit aux Traitans & aux Partisans à qui ils en vouloient, qui ruinoient tout pour leur profit particulier, étant apuiez des Ministres avec
qui ils partageoient.

Ce sont les propres termes de la
Harangue de Monsieur Amelot Pre-

mier Président de la Cour des Aides
de Paris , concertée avec toutes les
Compagnies, ou plutôt avec tous les
Peuples.

Comme elle se trouve imprimée
dans les Recueils de ce tems-là , &
qu'il y a peu de Biblioteques qui
n'aient donné place à ces sortes de
Livres, quelque forte qu'elle soit , ne
faisant que citer ce qui est déja public ; & que l'on croiroit d'ailleurs
trahir les interêts de la cause que l'on
defend , si on obmettoit la moindre
de ses raisons , l'on ne se fera aucun
scrupule de la raporter.

Il dit donc en parlant à la Reine
Regente. ,, Que les affaires extraordi
,, naires & les Partisans n'avoient été
,, inventez & mis en pratique, que
,, pour ruiner le Roi & les Peuples,&
,, former des profits indirects aux
,, Ministres , parce qu'ils ne pou-
,, voient rien prendre sur les Tributs
,, reglez , sans qu'on s'en aperçût,
,, qu'il ne faloit point neanmoins
,, emploier d'autre moien dans les ne-
,, cessitez de l'Etat , & imposer sur
,, les Peuples tous les besoins du Roi

„ dans les occasions , & puis les ôter
„ quand elles étoient paſſées.

En un mot il fit voir par les termes
de ſa Harangue, que les Partiſans
étant conſtamment la cauſe de la ruine du Commerce & du Labourage, qui
eſt un merite que perſonne ne leur
conteſtera jamais , & dont ceux qui
ſont ſinceres parmi eux ne diſcon-
viennent pas : il eſt certain que le
champ & la vigne des Miniſtres de
ce tems-là , étoient la deſtruction des
champs & des vignes.

Quoi que le mal ait toûjours augmenté du depuis, enſorte qu'on peut
dire ſans contredit qu'il eſt enfin arrivé à ſon comble ; comme il n'y a eu
que de la ſurpriſe de la part de Meſſieurs les Miniſtres, qui ſont venus
depuis 1660. ces faits tres-certains,
bien loin de les offenſer , leur feront
un ſenſible plaiſir , en leur faiſant
quitter une route qu'ils croient tres-
innocente , & par conſequent avan-
tageuſe au Roi ; & cela , ſur la foi
d'Auteurs qu'ils penſoient remplis
d'integrité , bien que ce fût juſtement le contraire,

Mais pour verifier ou plutôt fortifier la Harangue de Monsieur Amelot, ce au qui se passa à la Chambre de Justice au conspect de toute la France, & pour ainsi dire contradictoirement avec les Parties interessées, montre qu'il n'en dit pas encore assez.

Un des Chefs d'accusation contre ce Ministre, étoit qu'il avoit pris part dans les affaires du Roi, soit par des pensions des Fermiers Generaux & Particuliers, soit par des parts qu'il se retenoit dans les Partis, l'un & l'autre étant un crime, suivant les loix de toutes les Nations du monde.

Mais quand il vit qu'on le prenoit sur ce ton là, bien loin de demeurer muet, non seulement on ne l'en put convaincre bien clairement, mais même retorquant en quelque maniere l'argument contre ses Parties à proprement parler, il fit voir que le Ministre, dont il n'étoit en quelque sorte que le Commis, avoit eu part dans toutes les affaires extraordinaires qui s'étoient faites de son tems, qu'il avoit une pension de quarante mille écus sur les Fermes Generales, & que dans toutes les affaires particulieres , qui que ce soit ne lui en avoit jamais proposé aucune que l'argent à la main ou par avance , où dans la suite il en nomme quantité de cette sorte , & même quelques-unes dont ce Minis-tre s'étoit fait seul Traitant.

La perfection est que l'Accusateur ou plutôt l'Accusé , declare qu'il n'en disoit qu'une partie, & que l'on n'eût pas à l'échaufer davantage , autre-ment qu'il diroit bien d'autres choses, ou plûtôt feroit l'Histoire de la vie du Cardinal Mazarin, ce qui ne lui cau-seroit pas beaucoup d'honneur, quoi que ses Parties en voulussent faire un Saint en matiere d'integrité.

Tout ceci se signifioit & s'impri-moit publiquement aux yeux de tout le Roiaume , & demeura neanmoins sans repartie ; ce qui s'apelle un ac-quiescement en Justice, puis que cela se passoit devant un Tribunal où étoient actuellement les parties en procez pour cette seule question.

Les vingt millions que ce Ministre avoit laissez pour porter son nom, ne furent point bastans pour obliger à en defendre l'honneur , comme cela n'eût pas manqué s'il ne s'étoit pas agi de combatre une verité connue de tout le monde.

Ce n'est pas tout , Monsieur Fouquet maintient , que sous tel Maître tels Disciples ; qu'ainsi toutes les personnes considerables, tant de la Cour, du Conseil , qu'employez dans l'administration des Finances , menoient le même genre de vie ; & pour ne laisser aucun doute, il les nomme tous l'un aprés l'autre, ainsi que les sortes d'affaires où ils avoient pris part : On s'abstient de les declarer plus precisément pour des considerations ; mais ceux qui seront curieux de le savoir, l'aprendront facilement par la lecture du Procez de Monsieur Fouquet, dont il y a peut-être plus de deux mille Exemplaires imprimez en France,& qui se vendent publiquement chez les Libraires par occasion ; en sorte qu'il n'y a point de reprise à faire contre l'Auteur de ces Memoires , puis qu'il n'aprend rien , mais ne fait que citer ce qui est connû de tout le monde.

Et on auroit d'ailleurs grand tort
de se formaliser après la mort de ces
Messieurs de ce discours, puis qu'eux
de leur vivant, qui voioient & entendoient tout, & même à quelques-
uns desquels on le signifioit en forme,
n'en firent aucune reprise, aïant toûjours conservé la même tranquilité
ou prudence, qui avoit paru dans les
Heritiers du Maître sur de semblables
allégations.

Enfin Monsieur Fouquet termine
son Catalogue ou son Plaidoïer, par
declarer qu'il n'y avoit rien de nouveau en tout cela ; que tous les Ministres & toutes les Personnes emploiées dans l'Administration, en
avoient toûjours usé de la sorte, que
les Rois mêmes le trouvoient bon,
sous pretexte que cela leur fournissoit
les moiens de soûtenir la dignité de
leurs emplois.

Voila les Fondateurs de la preference donnée aux Affaires extraordinaires & aux Partisans, sur les Tributs
reglez passans droit des mains des
Peuples en celles du Prince, comme la
France avoit été regie durant onze

cens

çens ans, & comme le font tous les
Etats du monde, tant anciens que
nouveaux.

La certitude que ce changement
coûte la perte de la moitié des biens
du Roiaume en pur aneantiſſement,
n'y aiant point de Traité qui n'abîme vingt fois autant de denrées,
qu'il fait paſſer de profit dans les coffres du Prince : Cette certitude, dis-je,
ou plutôt la cauſe du Souverain &
des Peuples, qui ne font point deux
choſes ſeparées, étoient dans de mauvais termes, d'avoir à defendre leurs
interêts devant des gens qui étoient
Juges & Parties, contre toutes les re-
gles de la juſtice & de la raiſon.

Et le pretendu zele pour le bien
de l'Etat, que l'on voudroit ſupoſer
avoir été aſſez grand dans leur perſonne, pour preferer le bien general à
leur utilité particuliere, lors qu'ils ſe
trouvoient en compromis devant eux,
& qu'il s'agiſſoit de donner leur jugement, ne peut être penſé ni allegué raiſonnablement aprés Catherine
de Medicis, qui ſuccomba à la tenta-
tion, comme on l'a dit, dans une occa-

Tome II.   K

ſion bien plus importante , quoi, qu'elle eût de bien plus forts intereſts, & perſonnels & publics , de n'avoir pas cette foibleſſe.

Outre que ce qui s'eſt paſſé en pluſieurs autres rencontres , ne montre que trop lequel des deux en pareils procez a toûjours perdu ſa cauſe.

Mais enfin quelque forte vocation qu'euſſent ces Meſſieurs de faire leurs affaires aux depens du Roi & des Peuples, il s'en faloit beaucoup qu'ils taillaſſent en plein drap ; la volonté y étoit toûjours toute entiere , mais le pouvoir ſouvent y manquoit.

Les Parlemens & les Compagnies s'étoient conſervé l'autorité de faire des Remontrances lors des établiſſemens , qui aians pour principes ceux qu'on vient de marquer, euſſent fait un trop notable prejudice au Roi & aux Peuples.

Voila le Palladium ou le Dieu tutelaire qui avoit conſervé la France depuis la ſupreſſion des Etats Generaux qui avoient cette fonction auparavant, & qui s'en étoient ſi bien acquittez, que jamais Monarchie, depuis la

creation du monde, n'a été de ſi longue durée ni ſi floriſſante, aiant fourni
au Monarque dans les beſoins trois
fois plus que les manieres opoſées, ſavoir les Partiſans, n'ont jamais fait
dans les neceſſitez les plus urgentes,
comme peut être celle d'aujourd'hui.
Il ne faut que le Regne de François I.
pour fermer la bouche aux contredi-
ſans, & à eux & à leurs protecteurs.

Ces Etats avoient ſi bien fait, &
les Compagnies Superieures après
eux, qu'ils avoient fait doubler tous
les trente à quarante ans les biens du
Roiaume, ainſi que ceux du Roi, &
cela juſqu'en 1660, malgré les traver-
ſés qui leur étoient données par ceux
dont on vient de faire l'hiſtoire, & qui
commencerént il y a déja plus d'un
Siecle à faire ſuprimer les Etats Generaux.

Outre les raiſons que ce détail fſit
aſſez preſumer pour en uſer de la ſorte, on n'a qu'à jetter les yeux ſur les
Harangues prononcées publiquement, au conſpect du Roi & de tout
le Roiaume, pour voir comme les
Traitans & leurs Fauteurs ſont ac-

commodez, pour convenir par quel
interêt ces Affemblées conferva-
trices du Roiaume ont été aneanties.
Mais enfin les Compagnies Superieures y avoient fupléé, & avoient
produit à peu prés la même utilité ;
en forte que la France fe trouvoit en
1640. en l'état le plus floriffant
qu'elle fe fût jamais vûë : le même
fort à cet égard de remontrance que
l'on leur à fait fubir, en a fondé la dé-
cadence, que l'on peut dire aujour-
d'hui être arrivée à fa perfection du
côté des facultez des Peuples feulement ; non de leur zele, ni même du
pouvoir naturel du Commerce & de
la culture des Terres : puis que pour
ne pas fouffrir les efprits un moment
dans une idée fi defagreable, la plus
grande partie peut être retablie en
deux ou trois heures, par la fimple
ceffation de la plus grande violence
que la Nature ait jamais foufferte depuis la creation du monde : & cette
propofition eft faite de la part des
Peuples mêmes, aux conditions déja
tant de fois marquées, que fi toute
objection que l'on pourra faire, foit

pour le tems, soit pour le peril, ne soit pas une preuve & une montre évidente d'une extravagance & d'une prevarication achevée ; l'Avocat consent d'être lui même traité comme un insensé, & c'est ce qu'on verra dans la suite invinciblement, ainsi que l'impossibilité de sortir autrement de la conjoncture presente, aprés qu'on aura dit un mot de cette supression de remontrance & des circonstances qui ont reduit la France depuis 1660. au malheureux état où elle se trouve, de ne pouvoir plus fournir les besoins du Roi, quoi que beaucoup au dessous de ce qu'elle avoit contribué autrefois, & de ce qu'elle peut faire encore une fois par deux heures seulement d'attention.

CHAPITRE VIII.

Voici en 1660. ou 1661. l'assemblage des deux plus grands contradictoires unis ensemble qui se rencontrerent jamais ; savoir, une tres-grande integrité dans le Ministere, & un tres-grand desordre dans l'administration.

K 3

Les Tributs reglez comme les Tailles, paffant droit des mains des Peuples en celles du Prince tres ne-gligées ; ce qui avoit déja été com-mencé fous le miniftere precedent ; & les affaires extraordinaires, ou plutôt les Traitez & les Partis portez au comble de leurs vœux. Cette negli-gence des Tailles de deffein premedi-té , afin que le defordre les rendant infufifantes à atteindre aux befoins de l'Etat, cela donnât lieu aux affaires extraordinaires, par pure furprife du Miniftre, qui étoit tres integre.

Aucune denrée ne devint exempte; nul lieu, nul paffage ne fe pût plus rencontrer fur une route, qu'il ne fa-lût donner des declarations , & paier des Tributs, par des fejours uniquement pratiquez par des Commis pour tout faire confommer en frais encore trois fois plus ruineux que les fom-mes mêmes.

Ce n'eft pas tout, on vit plufieurs Traitans d'Impôts fur une même denrée, principalement les Liqueurs, dans un même lieu & pour un même Prince, ce qui fembloit devoir porter ſa reprobation avec ſoi, puis qu'aians leur fortune telle qu'on l'a vûë, à prendre par preciput, ainſi que les frais de Bureaux & de Commis , & ceux-ci chacun les embatras & les ſejours des Voituriers à emploier à leur profit, les aiant érigez en revenu par l'exigence de contributions particulieres pour l'exemption ; outre que ces preciputs, dis-je, étoient autant d'enlevemens ou larcins que faiſoit au Roi , tout ce qui ſe leve ſur les peuples , & ne paſſe point directement entre ſes mains, ne pouvant être apelé autrement.

Mais c'eſt là le moindre deſordre de pareilles manieres , parce qu'au moins ſi cela n'avoit point eu d'autre mal, il n'y auroit rien eu d'aneanti, & la ſeule juſtice ſe ſeroit trouvée uniquement bleſſée : mais les ſuites d'une pareille conduite ſont & ont été quelque choſe de bien éfroiable.

Comme la richeſſe conſiſte dans une échange continuelle de ce que l'un a de trop avec un autre , pour prendre en contr'échange celles dont celui avec qui il traite abonde ; de moment que cette facilité manque, ou plutôt ce commerce, un Païs devient aussi tôt miserable, au milieu de l'abondance.

Or il faut que cette heureuse situation s'arrête du moment que les proportions en sont ôtées, & qu'un Commerçant, sans qu'il importe lequel des deux, ne pourroit faire l'échange ou le troc qu'à perte, par raport aux frais qu'il a falu faire pour l'établir, auquel cas voila aussi-tôt le marché rompu; ce qui desole également l'une & l'autre partie, & a incontinent aprés une suite éfroiable de misere, parce que l'opulence d'un Etat, surtout de la France, consistant dans le maintien de toutes les Professions, au nombre d'aujourd'hui de plus de deux cens, leur existence est reciprociquement solidaire, se donnant à tous momens, & recevant pareillement la vie les unes des autres.

Ce sont les fruits de la terre, & en premier lieu les Grains & les Liqueurs qui commencent le mouvement, qui passans par le canal des Maîtres & Proprietaires aux mains des

Ouvriers, ils donnent en contr'échange le fruit de leur travail , toûjours
aux conditions marquées de proportions qui fassent trouver le compte à
tout le monde, sans quoi le moindre
déconcertement devient aussi-tôt
contagieux ; & corrompt toute la
masse.

C'est la crainte d'un pareil défordre qui fait jetter aux Hollandois le
Poivre dans la mer, & qui fait donner aux Anglois de l'argent aux depens du Public, à ceux qui viennent
du dehors enlever les bleds dans l'a-
bondance.

Et c'est neanmoins le contraire par
une surprise éfroiable , que l'on bâtit
& fomente tous les jours en France,
par toutes sortes d'éforts depuis 1660,
qui est uniquement la cause des quinze cens millions de perte, arrivée au
Roiaume depuis ce tems.

Les bleds ont éprouvé & éprou-
vent à chaque moment ce fort : Mais
comme il n'en est pas question prefentement, & que l'on en a déja parlé,
comme l'on en fera encore mention,
lors qu'il s'agira du retablissement

poſſible en deux heures, on vient aux
Liqueurs, qui ſont la feconde manne
primitive du Roiaume, tant pour la
ſubſiſtance des Peuples, que pour feur
former du revenu ; l'excedent de la
conſommation perſonnelle dans les
Proprietaires, leur fourniſſant le moien
de ſe procurer le ſurplus de leurs beſoins, comme pareillement aux ouvriers de ces mêmes beſoins, le canal
pour ſe pourvoir de Liqueurs.

Or ce qui s'eſt fait depuis 1660. a
condamné les deux tiers des Peuples
à ne boire que de l'eau, parce que la
plûpart des Proprietaires des Vignes
ont été obligez de les arracher, & reduits par là à la derniere miſere.

Voici comme la choſe eſt arrivée :
Ces Liqueurs, tant Vins, Cidres &
Eaux-de-Vie, qui paſſoient avec profit
reciproque des mains des Maîtres en
celles des Ouvriers & Acheteurs, furent obligez tout à coup de recevoir
une hauſſe éfroiable de prix, pour porter le profit des Traitans, ainſi que ce
qu'on donnoit au Roi, qu'on a toûjours augmenté preſque à tous les
Baux, les frais des Bureaux & Com-

mis, les sejours ruineux que les voitures étoient obligées d'endurer , pour
acquiter ces Droits en divers lieux, ou
bien pour racheter ce même sejour,
tout cela devant être porté par la
Marchandise , ce qui la mettant à un
taux exorbitant , & ceux qui en faisoient leur provision auparavant, n'y
pouvans atteindre par le fruit de leur
travail ; ce fut une necessité ou de s'en
passer , ou de l'avoir du Marchand à
une perte considerable de sa part ; ce
qui est toûjours égal pour l'un & pour
l'autre, par les raisons marquées, & par
consequent la ruine d'un Etat ; ce
qu'on ne peut nier être aujourd'hui
la situation de la France, non plus que
ce ne soit de pareilles causes qu'elle
est provenuë.

Enfin les choses vinrent dans un si
grand excez en 1677. qui fut une année trés abondante, que les Vignerons
ou Marchands aiant voituré des vins
par une riviere en une Foire d'une
Ville considerable, & le nombre excedant la consommation, (quoique dans
les tems precedens, elle eût été six fois
plus forte avec profit ; en sorte que

ces Marchands ne trouvans pas à beaucoup prés le prix de l'Impôt qu'il avoit falu garantir & promettre par avance en abordant, ils voulurent quiter aux Traitans leur denrée en pure perte, ne demandans qu'à s'en retourner libres de leur obligation : mais ceux - ci declarerent que ce marché leur seroit trop prejudiciable , & que tout ce qu'ils pouvoient faire de plus favorable, étoit que les bâteaux repondissent pareillement du droit , & qu'ils s'abstiendroient d'exercer leur contrainte sur les personnes.

Il ne faut pas consulter l'Oracle pour convenir que c'est à de pareilles manieres que la France est redevable de sa ruine : mais afin qu'on ne revoque point de pareils faits en doute, qui sont neanmoins tres- constans, ce qui se passe tous les jours en France dans plusieurs de ses Provinces, est d'un pareil degré d'honneur , bien qu'ils se soûtiennent nuit & jour avec la derniere exactitude , l'autorité du Roi & de Messieurs les Ministres y étant pareillement emploiée , par la plus grande des surprises.

L'on

L'on sçaura que toutes les Denrées du Japon & de la Chine étant arrivées en France, n'augmentent de prix qu'elles ont couté sur le lieu, que des trois parts sur une ne faisant que quadrupler, & même souvent moins.

Les Droits des Princes d'où elles sortent, & qui n'ont point d'autres revenüs que ces Doüanes trois à quatre mille lieües de trajet, les tempêtes & les Pirates, ne coutent que cette somme à conjurer.

Mais les Liqueurs qui viennent d'une Province à l'autre, quoi que souvent limitrophe, augmentent de dix-neuf parts sur vingt & même davantage.

Les Vins que l'on donne dans l'Anjou & l'Orleanois souvent à un sol la mesure, & même moins, c'est à dire avec perte du Vigneron, se vendent vingt & vingt-quatre sols dans la Picardie & Normandie, & il n'y a pas encore trop à gagner pour les Marchands : C'est à dire, que les Commis & Traitans qui empêchent ce trajet, sont six fois plus formida-

L

bles & plus destructeurs du Commerce , que ne sont pas les Pirates , les
tempêtres & trois à quatre mille lieuës
de route ; en sorte que les Liqueurs
croissant aux portes de ceux qui ne
boivent que de l'eau , ils sont obligez
d'être dans cette misere , ou de l'a-
cheter six fois plus que si les Liqueurs
venoient de la Chine & du Japon; ce
qui ruine egalement les Marchands
& les Acheteurs par les raisons marquées , & par consequent le Roy.

Comme le premier mobile de tout
ce beau menage sont ceux qu'on apellé les Fermiers du Roy , on peut appercevoir par tout ce narré , qui ne
fait mention que d'une partie du dé-
sordre , dont on peut voir le surplus
au premier Tome , ou plutôt ce qui
est public aux yeux de tout le monde:
On peut voir , dis je, comme ce nom
de Fermier du Prince convient peu à
ces Messieurs ; puisque le devoir & la
fonction d'un homme qui tient une recette , étant de cultiver & de faire valoir le fonds le plus qu'il est possible,
eux au contraire ont cru ne pouvoir
mieux faire le profit du Maitre , qu'en

detruisant tout , & causant plus de ravages que des Armées ennemies qui
auroient entrepris de tout desoler. Ces
excez ou ces fleaux de Dieu n'ayans
qu'une courte durée , aprez quoi un
Païs sacagé , se remet incontinent
aprez souvent mieux qu'auparavant,
ainsi que l'on a déja dit plusieurs fois.

Mais il n'en va pas de même de
ceux ci ; aprez que dans un Bail le
plus aparent ou le plus grossier a été
détruit , les successeurs n'y peuvent
faire leur compte que par un rehaus-
sement de Droits , qui diminuans encore la consommation , augmentent
par conséquent la ruine & des Peuples & du Roy , qui n'a d'autre bien
que les fonds de ses Sujets , lesquels
ne le peuvent paier qu'à proportion
des fruits qui croissent dessus , & qui
peuvent être consommez , sans quoi
ils demeurent en perte , & font abandonner la terre , comme il n'est que
trop connu.

Et pour un si important service,
ces Messieurs font des fortunes de
Prince ; & pour aneantir cent fois
plus de biens qu'ils n'en font passer

aux coffres du Prince , ils meritent d'avoir mille fois plus de facultez qu'ils ne possedoient en se mettant en besogne.

Voilà pour les Aides que l'on sçait joüer un si grand Rôle dont la ruine de la France , & dont la cessation sans nuls risques & perils , aura une si grande part dans le retablissement des cinq cens millions de bien aux Peuples , sans qu'il soit besoin de plus d'une demie heure d'attention, comme on fera voir dans la suite.

On vient aux Doüannes , Droits de Passages & Sorties du Roiaume , sur lesquels on peut dire d'abord que c'est à peu prez le même ceremonial , même desolation & même extravagance, par erreur au fait dans Messieurs les Ministres , qu'à l'égard des Aides.

Il est à remarquer encore que celles qui se paient dans le milieu du Roiaume de Province à autre , comme reputée étrangere , sont indignes & font honte à la raison.

Elles avoient été établies lorsque ces Contrées apartenoient à des Princes autres que les Rois de France;

mais étant depuis dévoluës à la Couronne, & n'y en aiant aucune qui ne caufe des vexations éfroiables par des fejours ruineux des Voituriers, & qui ne defolent par conféquent le Commerce & la confommation:

Elles ont dû être ôtées, & le produit tout au plus remis avec les autres Tributs, comme la Taille ; ce qui fait étant, comme cela eft poffible en un moment, le Païs y gagnera cent pour un , dont le Roy aura amplement fa part , c'eft à dire trois fois plus qu'il ne recevoit.

La Doüane de Valence doit fa naiffance à un crime que le malheur des tems fit tolerer , & que par conféquent le retabliffement de l'ordre devoit abolir.

Lors des Guerres Civiles de la Religion , le Connétable de Lefdiguieres s'étant rendu Chef du Parti des Huguenots dans cette Contrée , établit cet Impôt par la force majeure fans aucune autorité du Prince , pour l'entretien de fes Troupes ; & aprez que les chofes furent pacifiées , des interêts perfonnels, contraires à ceux

de l'Etat, l'ont maintenu jufqu'à prefent.

C'eft ces mêmes abus qui les ont
fait maintenir & augmenter tous les
jours à vuë d'œil , & par confequent
la ruïne du Roiaume : ce qui a été
fi loin pour les Droits de Sortie,
quoi qu'on fçache que la richeffe
d'un Etat confifte dans les Envois au
dehors , qu'il ne s'en trouve jufqu'à
vingt fix dans un feul Port de Mer,
c'eft à dire vingt-fix Droits ou Declarations à paffer à diverfes Perfonnes
ou différents Bureaux , avant qu'un
feul Vaiffeau puiffe decharger ou
mettre à la voile , & emporter ou
debarquer les Marchandifes chargées.

Il n'y a pas un de ces Receveurs de
Droits ou Declarations , qui ne veüille faire fa fortune : Ils fçavent bien
tous que ce ne peut être par le moien
de leurs gages , qui font fouvent
tres mediocres ; ce n'eft donc que
par les vexations telles & femblables que l'on a marquée à l'Article
des Aides : Ce qui va fi loin , qu'un
celebre Négociant, pour être quitte

d'un coup de chapeau que doit le Vendeur de certaines Denrées avant que de les livrer , par une ancienne Ordonnance , on ne sçait sur quoi fondée ; pour être quitte de cette servitude , ou plutôt de ces accompagnemens qu'on avoit soin de cultiver comme le reste , il donnoit quinze cens livres par an en pure perte, qui n'aloient point assurement au profit du Roy , non pas même de ses pretendus Fermiers ; encore vouloit on lui persuader que l'on lui faisoit grace : Ainsi on peut juger du reste par cet échantillon.

C'est par de pareilles manieres, dont ceci n'est que la moindre partie, que les Etrangers , lesquels de compte fait auparavant 1660. prenoient une fois plus de Marchandises du Roiaume qu'ils n'en aportoient , en ont depuis ce tems introduit deux fois plus qu'ils n'ent ont enlevé, c'est à dire que la France est devenue redevable de creanciere qu'elle étoit.

Mais comme d'abord les Peuples qui voioient que l'on les minoit

peu à peu , & qu'ils étoient comme
brulez à petit feu , ne marquoient
pas une entiere complaisance pour des
manieres qui les desoloient , & qu'ils
faisoient agir les Compagnies Superieures par des remontrances sur de
pareils établissemens , en faisant voir
qu'ils portoient un tres-grand prejudice au Roy , & n'étoient utiles
qu'aux Entrepreneurs ; qu'elqu'integre & quelqu'éclairé que fut le Miniftre , il crut que c'étoit un atteinte à l'autorité du Roy , & une
derogeance au respect du par des Sujets à leur Souverain..

Il fit abroger les remontrances par
l'Ordonnance de 1667. qui établis-
foit, que tout Edit qui seroit presen-
té , seroit accepté & executé par
provision , sauf à en remontrer aprez
la surprise ; ce qui étoit tout à fait
inutile , parce que chaque nouveau-
té se fortifiant de Patrons , personne
ne s'en voulu rendre ennemi , outre
que les longueurs , pendant que le mal
faisoit son cours , rendoit vaines toutes les poursuites.

Cette même Ordonnance fut encore

renouvellée en 1673. Voila la fon-
dation & le couronnement des quinze
cens millions de rente perdus dans
le Roiaume depuis environ quarante ans.

Et la ruine de la France qui avoit
été tentée inutilement pendant plus
d'un Siecle & demi , comme on l'a
fait voir , ne put avoir sa perfection
qu'en y emploiant l'autorité du Roy
toute entiere , sans quoi on n'en fût
jamais venu à bout.

En éfet , si lors d'un premier Droit
établi fut l'entrée des Boissons & Liqueurs dans une Ville de grande consommation , sur la presentation d'un
second par un nouveau Traitant, nouveau Bureau & nouveaux Cômis, avant
que d'en souffrir l'introduction , on
avoit remontré que cela étoit contraire aux interêts du Roy ; parce qu'outre que ces nouveaux frais n'alloient
point à son profit , c'étoit un surcroit
d'empêchement à la consommation
qui étoit détruite par ces manieres,
sans nulle utilité à personne ; & que
si Sa Majesté vouloit hausser la levée , il faloit qu'il n'y eût qu'un En-

cherisseur ; Sçavoir, celui qui en diroit le plus, qu'un Bureau, qu'une Recette, & par conséquent qu'un embaras au Commerce. Sur de pareilles remontrances, dis je, auroiton pû dire sans renoncer à la raison, que c'étoit l'interest du Prince, que tous ces préciputs, tant de frais que d'aneantissement, fussent portez par la Marchandise.

Ce degré d'horreur se renforce au troisiéme, au quatriéme & au cinquiéme, & enfin au onziéme établissement, comme il se trouve en quelques Villes du Royaume, sur une même Denrée, dans un même lieu, toûjours avec les mémes circonstances, ou plutôt les mémes vexations, qui ont réduit la consommation d'une de ces Villes, où cette malheureuse Scene se passe, de soixante mille pieces de Vin qu'elle étoit autrefois, presentement à peine à quatre mille, & fait par conséquent arracher les Vignes, & diminuer la Taille de six fois plus que le Roi ne recevoit de cette hausse des Aydes.

Que l'on ne s'étonne donc plus des

dix millions de rente perdus sur la seule Election de Mante , & à proportion autant dans le reste du Royaume , par un interêt solidaire que toutes les Provinces ont les unes avec les autres.

Tout de même à l'égard des vingt six Droits ou Declarations sur la charge d'un Vaisseau : La simple exposition du fait dés la premiere addition au premier Droit , bien loin d'attendre le vingt sixiéme , eut formé un degré d'horreur , qui n'eut pas permis d'opiner autrement dans le Conseil du Roy , que par des execrations contre les Auteurs de pareilles Impositions.

Qu'est ce qui n'eut point pensé que c'est la même chose sans aucune difference , que si un Prince aiant à recevoir cent mille livres par an sur quelques Particuliers tres disposez , & tres en état de les paier , son Intendant commettroit dix personnes avec chacun mille livres de gages , pour percevoir dix mille livres chacun , bien qu'un seul faisant toute la recette n'eut pas dequoi s'emploier en ne donnant que la vingtiéme partie de son tems?

Ne diroit on pas que l'Intendant partage ces gages moitié par moitié avec les Commis, & qu'il fait son compte aux depens de celui de son Maitre?

Cela est justement arrivé depuis 1660. par l'abrogation des remontrances des Peuples, non de la part du Ministre qui étoit tres integre, mais du côté de la Cour, & de toutes les Personnes considerables du Roiaume, qui ont érigé ces desordres, ou plutôt la ruine de la France en revenu reglé.

Premierement on ne parvient à la place de Receveur ou de Fermier General, qu'en prenant des Recettes à plus haut prix que leur juste valeur, des Personnes d'élevation, qui font cela fort innocemment, ne sçachans pas ce qui doit conter un pareil profit au Roy & au Roïaume.

Toutes les Commissions font autant de Benefices briguez par toutes les Personnes de condition, soit pour servir de recompense à leurs Domesti-
ques,

ques , & leur épargner leurs bourses,
ou pour en tirer des contributions
personnelles.

C'est ce que Monsieur Fouquet declare dans ses Défenses , & nomme
tous les Demandeurs en de pareilles
occasions ; savoir toutes les Personnes de la Cour & du Conseil actuellement vivans.

Ainsi quelque bonne intention
qu'aye un Ministre , il n'est aplaudi
& on ne chante ses loüanges qu'à
proportion qu'il contente tant de
Demandeurs : ce que ne pouvant faire non seulement en ne levant que des
Tributs reglez , mais même par un
petit nombre d'affaires , qui ne pourroient pas contenter la vingtiéme partie des pretendans ; il faut qu'il donne les mains comme malgré lui , à
toutes ces horreurs.

Voila les manieres & la nation qui
ont reduit le Roiaume en l'état où il
se trouve, d'une façon d'autant plus
deplorable , que ceux qui auroient
été à portée de faire entendre au Roy
& à Messieurs les Ministres les dé-
sordres & les causes d'où il provenoit.

M

étoient engagez par leur interêt à le maintenir.

Et c'étoit leur langage, lorſque l'on ſe declaroit contre ces manieres d'une façon ſourde & à paroles per-duës, de publier que c'étoit des eſprits inquiets & viſionnaires qui tenoient ce langage, & qui vouloient même renverſer le Roiaume, apelans renverſement la ceſſation du plus grand boulverſement qui fut jamais.

En effet, ſi la France n'avoit conſiſté qu'en quatre ou cinq cens perſonnes, dont tout au plus un pareil cortege étoit compoſé, c'eſt à dire de Sujets qui meritent du menagement, ils auroient eu raiſon de parler de la ſorte: mais comme au contraire le Roiaume qui conſiſte en quinze millions d'ames, & le Roy à la tête, qui ſont ruinez par ces manieres, pour faire ſubſiſter un ſi petit nombre, de ſemblables allegations, ne peuvent être qu'une extravagance achevée.

Ce genre de gouvernement aiant ruiné tous les revenus, & les Traitans & les Partiſans n'aians plus de fortune à faire par l'addition de nouveaux Droits fur les Denrées, ce qui n'étoit plus poffible , la Guerre de 1689. furvint & Meffieurs les Miniftres , quoi que perfonnellement tres integres , ne fupoferent point qu'il y eut d'autres mefures pour trouver les fonds neceffaires , que par les canaux qu'on vient de cotter , favoir le fervice des Traitans & Partifans , qu'ils accepterent à l'égard des fonds & immeubles , pour leur faire fouffrir le même fort qu'avoient eprouvé les Revenus & Denrées , fur lefquelles il n'y avoit plus rien à faire , qui font les termes dont ils fe fervent ; ce qui fignifie en langage clair & net , qu'il n'y avoit plus rien à gagner pour eux , quand il n'y a plus rien à detruire.

Ce qui faute aux yeux de tout le monde eft trop public , favoir une defolation generale , qui eft leur ouvrage , pour laiffer le moindre foubçon que cette expreffion foit trop forte & trop violente.

Ils attaquerent donc les Charges & Dignitez de la Robe , ainfi que les emplois de leurs dependances , que l'on fait composer ou qui compo- soient une si grande masse dans le Roiaume, & en quinze ou seize ans ils leur ont fait souffrir le même sort des Revenus, au même compte de la destruction des Denrées & produit des terres, savoir vingt de perte en pur aneantissement, pour un de profit au Roy : ce qu'il y a de plus cruel, est que cela a coupé l'arbre par le pied, & aneanti toutes les fabriques de monnoie en papier & parchemin, qui roulant sur la solvabilité des Proprie- taires des immeubles, du moment qu'ils ont été exposez à un aneantis- sement continuel, tout le credit qui rouloit dessus s'est évanoüi, il a falu de l'argent en personne.

Sans qu'on puisse se plaindre en au- cune façon de Messieurs les Minis- tres, qui pratiquoient ces manieres avec la derniere douleur, mais il leur étoit également impossible d'en user autrement, qu'il le seroit à un Sujet né dans l'erreur, d'embrasser & de professer la Religion Catholique dans un Païs où il n'y auroit que des Here- tiques.

Mais enfin ce moien étant abſorbé, & aiant pris fin, comme l'autre, & aucun Partiſan ne ſe preſentant plus pour traiter de nouveautez, parce qu'il eſt aſſuré qu'il ne s'en pouro't pas defaire, ceux qui s'étoient accommodez de preſque toutes, ne s'en trouvant pas bien, & les voians expoſées à ſouffrir le ſort de leurs Predeceſſeurs, ſavoir à paier une ſeconde fois, ou bien de n'avoir rien acheté, & d'avoir perdu leur argent : On eſpere que le retabliſſement de la France dans une conjonéture ſi importante n'aura plus tant d'ennemis à combattre, d'autant plus que l'on declare que ce qui eſt fait, eſt fait, & que l'on ne pretend faire rendre gorge à qui que ce ſoit, contre l'uſage ordina're.

Que ſi on s'eſt étendu ſur cette troiſiéme cauſe des deſordres de la France, c'eſt pour couper pied à toutes les objeétions que l'on pourroit faire au retabliſſement du Roiaume.

Outre que d'ailleurs, bien qu'il ne ſoit pas neceſſaire de ſuprimer les Fermes ni les Fermiers du Roy, quoi que ce fut le plus grand ſervice que l'on pourroit jamais rendre à l'Etat, témoin le menage qu'ils y ont fait depuis 1660. Cependant il est neceſſes que leurs fonctions ſoient reduites à un ceremonial moins deſolant; ce qui leur ſera utile loin d'être dommageable.

Or comme juſqu'ici ils ont été regardez comme des gens ſacrez juſqu'à la moindre partie de leur miniſtere, quelqu'éfroiables & quelques deſolantes qu'elles ſoient toutes; il a été à propos d'en faire un craion, & de montrer en même tems qu'il s'en faloit beaucoup que les Fondateurs & Protecteurs de l'Ordre fuſſent gens à canoniſer, n'ayant eu rien moins pour objet dans de pareils établiſſemens, que l'Intereſt du Roy.

Cet eclairciſſement procurera un peu plus de tranquilité au ſalut du Roiaume, en faiſant examiner par quel motif on y fera des objections, ainſi que les perſonnes qui les mettront en avant.

C'eſt de cette maniere qu'on pretend s'aquiter en deux heures de la promeſſe contenue dans le Titre & au

commencement de ce Memoire, c'est
à dire par la cessation de la plus grande violence que la Nature ait jamais
éprouvé depuis la creation du monde
n'y aiant pas un des trois établissemens dont il est question, qui ne soit
une extravagance achevée, commise,
innocemment depuis 1660, par erreur au fait, sur la foi de la probité
des premiers Auteurs ; mais qui ne
peut être soutenue aprez connoissance de cause, sans renoncer à la raison, comme l'on verra invincible-
men par la suite.

CHAPITRE IX.

PErsonne ne peut douter, aprez
ce qui vient d'être raporté, que
l'on ne fait aucune injustice aux Aides, Droits de Passage, Sortie du
Roiaume, en mettant sur leur compte la cause de huit cens millions
de perte, de quinze cens qu'éprouve
le Roiaume depuis 1660.

Or comme cette cause est encore

plus violente que les deux autres , il ne faut conſtamment qu'un inſtant pour la faire ceſſer , avec d'autant moins d'inconveniens & de crainte, qu'il eſt certain que ce n'a jamais été que l'interêt des Entrepreneurs qui a mis les choſes ſur ce pied.

Pour ſe reſumer donc , l'Etat eſt preſentement à l'égard de ces trois cauſes de ſa ruine comme un Particulier , & même une Contrée qui ſe trouveroient dans la derniere deſolation par un principe tres violent, agiſſant ſur eux immediatement , & dont la ſimple ceſſation pourroit en un moment les remettre dans une tres grande felicité.

Un homme condamné à mort pour un crime d'Etat , avec une confiſcation de tous ſes biens , qui ſeroient fort conſiderables , recevant ſa grace du Roy , paſſeroit dans un inſtant du dernier malheur à une tres heureuſe ſituation.

La Ville de la Rochelle , qui éprouva les rigueurs que l'on ſait , lors de ſa priſe par le Roy Loüis XIII. ne fut qu'un moment à acheter le pain cent fols la livre, c'eft à dire voir tous les jours cent ou fix vingt de fes Habitans mourir de faim, & puis les portes ouvertes par fa reddition, fe procurer ce même pain à moins d'un fol la livre.

Si quelqu'un dans l'un & l'autre de ces deux cas propofant le remde qui les tiroit d'affaire, eut eu pour objection que l'on ne pourroit prendre fes mefures fans deconcerter leur fituation naturelle, ou tout au moins, qu'ils n'auroient pu joüir des fruits de fes graces aprez qu'elles auroient été faites, qu'une Guerre qui fe paf- feroit à deux cens lieuës, ne fut finie, n'eftimeroit on pas que ceux qui tiendroient un pareil langage, meri- teroient les petites Maifons, ou plu- tôt daigneroit on leur repondre ?

On maintient encore une fois, que de tout point c'eft la fituation de la France à l'égard des cinq cens mil- lions de rente, partie de quinze cens perdus que l'on lui peut retablir en deux heures, fans rifquer davantage qu'à l'égard de ce Particulier con- damné & de la Rochelle affiegée,

& que les allegations de pretendu de-concertement , de peril ou de con-jonĉture de la Guerre , font d'un pa-reil degré d'extravagance qu'il l'au-roit été dans les deux cas qu'on vient de marquer.

Ainſi pour entrer d'abord en ma-tiere , & prendre les trois cauſes l'u-ne aprez l'autre pour leur ceſſation, comme on a fait pour leur decou-verte ; on va voir en particulier comme en general , qu'il n'y a pas moien de tenir pied ſur la contradic-tion , ſans renoncer à la raiſon.

La Taille qui ſe trouve la premiere à la tête , comme ennemie jurée de la conſommation par ſon incertitude, qui met tout le monde ſur le qui vive par ſon injuſtice , qui fauche tous les Sujets les uns aprez les autres , ſans les quitter qu'ils ne ſoient ſans pain, ſans meubles & ſans maiſons ; & ſa collecte qui oblige ceux qui ont quelque choſe , de paier de tems en tems pour les inſolvables , ou de perir à la peine , comme il arrive ſouvent. Ce deſordre , dis je peut être conjuré de toutes ces trois

éfroïables branches en un moment,
par un simple ordre de Meſſieurs les
Miniſtres , aux Intendans des Provinces , de faire obſerver les anciennes Ordonnances dans la derniere
exactitude , ſans nulle acceptation de
perſonne.

Les deſcentes de Meſſieurs les
Maitres des Requêtes dans les Provinces , qui n'étoient qu'en quelque
ſaiſon de l'année , n'avoient été anciennement ordonnées que pour ce
ſujet.

Il eſt marqué en termes exprez,
qu'ils impoſeront ſur le champ , &
mêmes les Elus ; ceux qui n'ont pas
un taux proportionné à leur exploitation , ſoit en propre ou par ferma-
ges , & qu'ils dechargeront pareillement ceux qui ſe trouveront dans une
ſituation opoſée.

Les Mandemens des Tailles , en-
voiez toutes les années dans les Pa-
roiſſes , l'ordonnent ſemblablement:
Cependant on peut aſſurer qu'il n'y
eut jamais rien de plus mal executé;
& il eſt même preſqu'impoſſible que
cela ſoit autrement , par raport aux
Sujets qui ont cette fonction.

Anciennement ce n'étoit que des Personnes du Païs mais depuis quarante ou cinquante ans, il a falu absolument n'en point être : en sorte que quelque bonne intention qu'ils aient, il est impossible qu'ils fassent jamais rien de bien, arrivans dans une contrée où ils ne connoissent rien, tout le monde étant paié pour leur faire de faux raports, & qui que ce soit pour leur dire la verité.

Cependant, l'execution des anciennes Ordonnances & la justice sont aisées à mettre en pratique; aprez que Messieurs les Ministres l'auront commandé, qui est par où il faut commencer.

Il n'est question que d'ordonner, que chaque Intendant partagera le soin des Elections à trois ou quatre Officiers de ces Compagnies, choisissans ceux qui sont entendus non seulement dans le Commerce & dans le Labourage, mais même qui connoissent les Contrées & les facultez des Particuliers qui y ont du bien, ce qu'il est aisé de savoir quand on voudra s'y emploier fidellement, jusqu'à

qu'à un fept de vigne , un arbre & un
pouce de terre , & la moindre bête
de nourriture.

Cette connoiffance aquife ou par
eux , ou prenans des memoires de Sujets entendus , comme il s'en trouve
dans toutes les Paroiffes , moiennant
quelque legere retribution , il faut
qu'ils faffent une eftimation des facultez de chaque Village , en marquant
fur un Rôle à chaque Cotte , celui là
a tant de terres en fermage ou à lui,
de tant de valeur , tant en labour,
tant en fimple pature , tant d'excel-
lente , tant de mediocre , tant de beftiaux , & tant de Vignes ou de Cidres année commune , & fon fermage va à tant par an.

Quelque furprenant que cela paroiffe en gros , il n'y a rien de plus
facile dans le particulier , lorfque ce
font des gens du métier : & quand
une Election feroit compofée de cent
cinquante ou deux cens Paroiffes,
trois ou quatre Sujets dans chacune
en viendront facilement à bout en
quinze jours ou trois femaines ; c'eft
à dire , tout le bien d'une Generalité

N

feroit conſtant & connu en auſſi peu de tems , tous travaillans dans le même moment , & ainſi que celui de tout le Roiaume par la même raiſon.

Il faudroit marquer auſſi le nombre des Privilegiez , ſoit Nobles ou Eccleſiaſtiques , ou par leur emploi, ſi c'eſt par ancienne ou nouvelle creation , & s'ils n'excedent point la qualité d'exploitation portée par leur privilege.

Tout de même des miſerables n'ayans que leurs bras pour leur ſubſiſtance , ſans nulle occupation que leur ſimple demeure.

Les choſes en cet état , un Intendant feroit faire la balance des biens de toute ſa Generalité , Election par Election , pour impoſer la Taille ſur chacune à proportion des biens.

Et puis par ſubdiviſion par Paroiſſe, & les Prepoſez enſuite ſur chaque Particulier, ſans ſe raporter aux Habitans que pour en prendre les Memoires, n'y aiant aucun d'eux qui oſe & qui ſoit en état de mettre les Receveurs ou Fermiers des perſonnes conſiderables, à ſon juſte taux.

Aiusi du premier abord , voila l'incertitude & l'injustice qui coute plus
de trois à quatre cens millions de rente au Roiaume , sauvée , & même les
Procez , puisque n'y aiant plus que
des questions de fait , le Subdelegué
ou l'Intendant les pourroit vuider sur
le champ.

Mais il faut encore sauver la Collecte , & cela est aisé , même de l'agrément des Peuples.

Il faut ordonner que quiconque
portera dans les trois premiers mois de
l'écheance de la Taille , toute son
année droit en Recette , sera exempt
d'être Collecteur , ni garand du Recouvrement de la Paroisse ; il n'y a
qui que ce soit , jusqu'aux plus miserables , qui ne vende sa chemise pour
être exempt de cette servitude , laquelle lui venant à tour par l'acceptation que ne manqueront pas de faire
les riches de ce parti , ils donneroient
tout pour avoir le même avantage.

Il faut ordonner pareillement , que
la Taille & les autres Impôts qui l'accompagnent pendant la guerre , se
prendront par privilege comme une

rente fonciere , c'eſt à dire auparavant le prix du loüage des Terres & Maiſons

L'uſage étoit ci-devant , que le Maitre precedoit pour une année ſur la Taille , mais c'étoit à cauſe de ſon injuſtice qui eut ſouvent tout emporté ; ainſi étant ôtée , & l'équité retablie , comme la cauſe ceſſe ; l'effet doit ceſſer pareillement.

De cette maniere , le Receveur des Tailles decernera chaque Contrainte contre chaque particulier , lorſqu'il aura paſſé ſa ſoumiſſion au Greffe de l'Election au premier envoi des Mandemens , qu'il entend paier toute ſon Impoſition dans les trois mois , pour être exempt d'être Collecteur.

Que ſi il ne l'effectuoit pas , il n'y auroit rien de gaté , puiſque cette redevance precedant le paiement du Maitre , ce ſeroit à lui à y donner ordre.

A l'égard des Villes taillables & gros Bourgs , où la ſeule induſtrie paie une groſſe Taille , il les faut abſolument mettre en Tarif ; il n'y en a aucun qui ne le demande à

mains jointes, & ceux qui l'ont pu
obtenir, ont acquis un degré de richesse qui devroit porter à ne refuser
cette grace à pas un.

Le seul obstacle qui l'a empéché
jusques ici, est que les Juges & les
Receveurs s'y sont tous oposez.

En effet, cela met fin aux Procez,
ainsi qu'aux frais & contraintes que
les Receveurs ont érigé en revenus
reglez, & dont il faut qu'une Paroisse souffre une certaine quantité,
autrement elle seroit haussée au premier département, dont ils sont
presque toujours les Maitres, sous
pretexte qu'ils ne pourront faire le
recouvrement si on ne suit pas leur
idée.

Comme voila bien du monde nou-
vellement mis en besogne, il les
faut paier tous, autrement on sera mal
servi, comme il arrive d'ordinaire,
& sur tout à la Guerre, où si l'on
veut que les Troupes fassent leur devoir, & ne pillent point, il leur faut
faire toucher leur solde.

Par bonheur dans cette nouvelle
fonction il y a un fonds certain &

naturel , fans qu'il en coute rien au Roy & au Peuple.

Les six deniers pour livre qui fe donnoient aux Collecteurs des Paroiffes pour le recouvrement de la Taille , demeurent entierement inutils , & il ne refte plus que les frais du papier & confection des Rôles; & comme ce fera l'affaire des Subdeleguez & de ceux qui feront chargez de chaque contrée , il faut fur ce fonds que l'Intendant leur faffe departir à chacun quatre ou cinq cens francs par an plus ou moins , fuivant le travail & l'étendue du diftrict ; ils en donneront quittance aux Receveurs des Tailles , qui en compteront aux Chambres des Comptes comme du refte , parce que l'ordre de l'Intendant fera attaché avec les Quitances.

Il faut auffi une fomme comme de mil livres , ou à peu prez , aux Receveurs particuliers pour augmentation d'un Commis qui fera neceffaire pour la perception de tous ces Impôts finguliers.

Il faut enfin qu'il en refte une fom-

me aux Intendans, comme de deux
ou trois mil livres, pour paier les
Espions qui avertiront que les Pré-
posez par lui commis, ne font pas
leur devoir; aiant favorisé dans l'As-
siette leurs parens & amis; auquel il
les faudra destituer avec infamie, &
leur faire paier le dommage de ceux
qui auront été lesez sans nul rejet,
parce que ce sera leur faute. Tout
ceci se trouve marqué par le Regle-
ment des Tailles de 1604. du tems
de Mr. de Sully, que l'on n'a fait que
copier en cela comme en tout le reste,
sur tout en Blez; Ce qui est confor-
me à tous les Gouvernemens du
Monde.

Il faudra encore que les Intendans
soient souvent en Campagne pour
partir au pied levé, sans avertir personne, pour verifier sur les lieux si
les avis qu'on leur a donnez, sont
veritables, ce qui demande des
frais.

Enfin il est necessaire que tout le
monde conçoive qu'il sera impossible
d'user de supercherie, sans s'exposer
à une punition exemplaire.

Mais comme le principe de toutes
fortes de paiemens, & par conféquent
de la Taille comme du refte, eft la
vente des Denrées, ce recouvrement
fera extrémément facilité, par la valeur où l'on va les y mettre, fur tout
aux Bleds, qui menans la cadance, font
prefentement en perte aux Laboureurs, le prix n'atteignant pas même
les frais de la culture, comme l'on va
voir dans le Chapitre fuivant.

CHAPIT. DIXIE'ME.

LE dérangement qui fe rencontre
dans le prix des Bleds par leur
avilliffement, qui ruinant les proportions qui doivent être entre les frais
de leur culture, enfemble le paiement
du fermage, & le prix que l'on l'a-
chete, empêche ce premier commerce, par lequel cette manne primitivé
paffe uniquement aux mains de ceux
qui n'ont que leur travail pour fe la
procurer ; ce qui eft également la
ruine des uns & des autres, n'étant

pas moins prejudiciable à un Etat, s'il
ne l'eſt pas même davantage , que la
ſithation opoſée , qui ne produit des
horreurs que par ce même manque de
proportion , tous les excez étant également dommageables , quoi que diamétralement opoſez : Ce derangement , dis-je , n'eſt ni l'ffet du hazard
ni de la nature , qui par ſa deſtination
entend & fait toujours ſi bien , qu'il
n'y a point de Métier ni de Profeſſions qui ne nourriſſe à tout moment
ſon Maitre , comme elle ne met point
d'animaux au monde qu'elle ne les aſ-
ſure de leur pature à même tems.

Cette malheureuſe diſpoſition qui
coûte au Roiaume preſentement plus
quatre fois que les beſoins du Roy,
rendant tout le monde tres-miſérable,
& les Ouvriers plus que qui ce ſoit,
eſt la ſuite d'une volonté determinée,
que depuis ſix à ſept an on met à execution avec les dernieres attentions,
& même de tres grands frais , par
cette cruelle & fauſſe idée , que les
Grains étoient de la nature des truffes
& des champignons ; par une continuation de ce qui s'eſt fait depuis

1660. ce qui disculpe les modernes;
que c'étoit , dis-je , un present gratuit de la nature , & qu'ainsi l'interêt
de l'Etat , sur tout des pauvres , étoit
de forcer les Proprietaires de le donner à meilleur marché qu'il seroit
possible.

On ne persiste aprez la reconnoissance de l'erreur dans cette conduite,
que parce que des Sujets couverts d'a-
plaudissement , ne veulent point convenir qu'ils aient été capables d'une
pareille méprise , leur obstination à
maintenir le mal , leur étant moins
préjudiciable , à ce qu'ils croient,
qu'un desaveu de leur conduite pas-
sée , quelque bien qu'il en vint au
Roiaume : ils ont cru que l'Etat ne
pouvoit éviter un exces , savoir une
extrême cherté , qu'en se jettant dans
l'autre qui est l'avilissement , quoique
n'étant pas moins préjudiciable par
lui même ; c'est lui seul qui produit
les chertez , comme on peut voir par
le Chapitre qui est à la fin de cet Ouvrage.

Cependant comme l'on ne doute
point que ceux qui n'ont pas de si de-

plorables interêts , ouvriront enfin les yeux , on passe avec confiance au Remede.

On dira d'abord que le Roy & Messieurs les Ministres sont absolument maitres du prix des Grains , les pouvans faire baisser & hausser à leur volonté , en quelque tems & en quelque saison que ce soit : comme l'état où il est d'avilissement est l'effet d'une main étrangere autre que celle de la nature ; ainsi par des manieres contraires qui couteront beaucoup moins , on peut mettre cette Denrée aux prix & en l'état qu'elle doit être pour suporter ses charges , c'est à dire les frais de la culture , & couler tranquillement aux mains de ceux qui n'ont d'autre fonds que leurs bras.

L'on ne le decouvre pas plus precisément, parce que quoi qu'il se pratique en une infinité d'endroits , comme à Rome , en Angleterre , en Holande & en Turquie , & qu'on en usa même en France en 1679. sans quoi cette année auroit été aussi cruelle que 1693. & 1694. cependant il est

de l'interêt de cette demarche , qu'elle ne soit pas abfolument publique,
étant de la nature du fecret , qui
perd la vie auffi tôt qu'il voit le jour.

Tout ce qu'on peut declarer , eft
que la cherté ou l'aviliffement , fur
tout dans un Païs fecond , comme la
France , n'eft rien moins à la rigueur,
que l'effet du manque ou de l'abondance des Bleds pour la fubfiftance de
tous les Peuples ; le dernier a toujours
été l'ouvrage d'attentions determinées
comme aujourd'hui , & l'autre de la
folie & de l'aveuglement du Peuple,
qui fe forme lui même le monftre qui
le devore.

En un mot , le Peuple eft affurément comme un troupeau de Mou-
tons que l'on voudroit faire entrer
par une tres petite porte , & tres em-
baraffée ; il n'y a qu'à en prendre un
ou deux par les oreilles , & les tirer
par force , auffi-tôt tous les autres s'y
pouffent avec la même violence , dont
il avoit falu ufer pour y conduire les
deux premiers.

Et y aiant une tres grande porte
tout contre , expofée à leur vuë , qui
les

les conduifant au même lieu , leur donneroit un paffage bien plus aifé ; il ne feroit pas poffible à force de coups de leur faire prendre ce parti , mais continueroient de s'étouffer les uns les autres pour fuivre les premiers.

Voila le portrait du Peuple , & fa conduite dans fes demarches tumul-tueufes , fur tout à l'égard des Bleds.

Ainfi en un moment ce fonds étant retabli , on maintient que c'eft plus de trois cens millions de rente au Roiaume remis en un inftant , parce que les proportions , dont le decon-certement eft la ruine du Commerce, recommenceront à vivre , & à fournir par confequent la fubfiftance à tou-tes les deux cens Profeffions , qui at-tendent uniquement leur nourriture du Laboureur.

C'eft pourquoi on paffe aux Doüa-nes , Sorties & Paffages du Roiaume, ainfi qu'aux Droits d'Aides fur les Li-queurs , qui prennent pour leur part, ainfi qu'on a dit , plus de huit cens millions par an dans la perte des biens du Roiaume.

O

Le retabliſſement en eſt d'autant
plus aiſé , que quoi qu'on les ſoutien-
ne nuit & jour par des éforts continuels,qu'il y ait plus de vingt mil hommes , & peut être plus de trente , qui
n'ont d'autre emploi que cette occupation , c'eſt à dire de ruiner les Peuples , & par conſequent le Roy ; cependant il n'y a qui que ce ſoit qui
ne les deteſte dans le particulier , &
qui ne convienne , que ſi on avoit eu
intention de detruire le Roiaume , on
n'auroit pas pu prendre d'autres meſures.

Le cadavre qui eſt certain de la deſolation de la culture des Terres & du
Commerce, purge cet énoncé de tout
ſoupçon de calomnie.

En éfet , ſi un Marchand aiant ſes
Magaſins remplis d'excellentes Denrées , & propres à l'uſage de tout le
monde, ne les vouloit point livrer,
aprez en avoir fait la vente dans ſa
maiſon , qu'aprez qu'on auroit fait de-
claration à vingt ſix de ſes Facteurs
& Commis diſperſez en divers quartiers de la Ville , & ſouvent abſens
de leur demeure , en ſorte qu'il falut

un tems infini pour s'aquiter de ces
fervitudes , n'eſtimeroit on pas en
même tems qu'il auroit perdu l'eſprit,
& tout le monde ne le quiteroit il pas?

Or une contrée commerce avec
l'autre tout comme fingulierement un
Marchand à Marchand , les mêmes
meſures & les mêmes facilitez y doivent être obſervées, & le même degré d'extravagance qui ſe peut rencontrer dans l'un , eſt le même dans
l'autre.

Si quelqu'ami de ce Negociant
qui exigeroit vingt ſix declarations
avant que de ſe deſſaiſir de ſa Denrée,
lui repreſentoit qu'il eut à quitter cette maniere , autrement qu'il ſe ruine-
toit , & paſſeroit pour un fou ; il lui
repartoit , qu'il convient de l'extra-
ve..ance de cette conduite , mais qu'il
ne la peut abandonner dans le moment , de peur de troubler l'ordre de
ſes affaires , & qu'au moins il faut
attendre qu'un Procez qu'il a à deux
cens lieuës de ſa demeure , ſoit terminé :

Ne ſeroit ce pas pour le coup qu'on

le feroit enfermer , & qu'on lui ôte-
roit abfolument l'adminiftration. de
fes biens ?

Voila neanmoins en cet article de
Doüane la fituation de la France,
tant dans les Sorties du Ro'aume, que
les Paffages de contrée à contrée ; &
les raifons que l'on aporte , pour ne
pas faire ceffer le defordre , fans perdre un moment , font d'un pareil mérite & valeur que celles qu'on vient
de mettre dans la bouche de ce Marchand particulier.

Les Aides font à peu prez de même
nature , fur tout dans quatre Generalitez , favoir Roüen , Caën , Amiens
& Alençon , où le Droit de quatriéme denier de tout ce qui fe vend de
Liqueurs en détail , s'exige non au
quatriéme , mais au troifiéme , parce
qu'on n'a point d'égard aux lies & diminutions journalieres , mais feulement au volume de futaille , ce qui
joint à des Droits d'Entrées efroiables , fur tout dans les Villes non
Taillables de ces contrées , fait que
cette exigence de tous points , n'eft &

ne se doit point apeller une contribution, mais une confiscation, comme l'éfet qu'elle a produit n'a que trop justifié.

La seule Election de Mante, comme l'on a dit, y est pour deux millions quatre cens mille livres par an sur les Vignes, ce qui n'est qu'un barométre du reste du Roiaume, puisque cela procede d'une cause generale.

Les Cidres en Normandie qui tiennent lieu de Vins, ont été pareillement mis par ce même principe, dans un si grand desarroy, que dans les années abondantes, il s'en perd plus de la moitié que l'on néglige absolument de mettre à profit, ou qui perit, se gatant par la garde, pendant que les trois quarts des Peuples, non seulement de la Normandie, mais même de la Bretagne, Picardie & Beausse, qui sont limitrophes, ne boivent que de l'eau à ordinaire reglée.

C'est en vain que la Bourgogne, comme un Païs d'Etats, jouit de cette exemption des Aides ; sa manne nourriciere, savoir les Vins à l'aide,

de laquelle , & de l'excedent , elle fe
peut procurer fes autres befoins particuliers , eftégalement coulée à fond,
de même que. fi elle avoit ces Droits
dans fes entrailles , ainfi c'eft fes interêts que l'on defend pour le moins autant que ceux de ces quatre Generalitez : c'eft pourquoi elle doit contribuer , en comprenant fes avantages, à
lever la caufe de l'aviliffement où elle
voit fouvent cette Denrée lors d'une
recolte abondante , & quoi que ce
foit qu'elle paye , c'eft à dire le double
de ce que le Roy reçoit prefentement,
elle y gagnera encore quatre pour un,
& ainfi des autres contrées du Roiaume , qui fuivent. toutes le fort les
unes des autres , quelqu'éloignées
qu'elles foient , de celles où le defordre qui les devore , a pris naiffance,
& par la raifon des contraires , le retabliffement ou la ceffation du mal
produira incontinent le même éfet à
leur égard.

Le Vin qu'on donne fouvent à un
fol la mefure en Bourgogne , en Orleanois dans la petite Champagne , &c.

en Anjou, n'est à ce misérable prix au
dessous des frais du Vigneron , que
parce qu'il est à vingt quatre sols dans
la Picardie & la Normandie ; & il est
à cet excez dans ces Provinces, par les
mêmes raisons , que le Pain étoit à
cent sols la livre lors du Siege de la
Rochelle.

Dix mille Commis arrétent les ave-
nues de ces Liqueurs , tout comme
l'Armée du Roy empêchoit le passage
des Grains dans cette Ville ; & lorsque
les Portes furent ouvertes , la même
extravagance qui se seroit rencontrée
dans ceux qui auroient allegué que
ces Habitans affamez n'auroient pu
soulager leur misere , en se procurant
du Pain à un *sol la livre , puisqu'il ne
valoit pas davantage hors les Portes*,
qu'une Guerre qui se faisoit à deux
cens lieuës de ces quartiers ne fut ter-
minée : là même folie , dis-je, se trouve dans ceux qui pretendent que ces
dix mille Commis qui font perir une
moitié du Roiaume , par l'abondance
des Liqueurs , & l'autre par l'excez
du prix , ne peuvent être congediez

ſans renverſer l'Etat , ou tout au moins , qu'il faut attendre que la Guerre ſoit finie en Allemagne , en Italie & en Eſpagne.

Pour commencer par les Doüanes, Sorties & Paſſages du Roiaume , c'eſt un Perou pour le Roy & pour ſes Peuples de les ſuprimer toutes , à l'égard du dedans de l'Etat ; la raiſon des divers Princes qui les avoient établies, étant ceſſée , il en doit être de même de l'éfet , par les efroiables ſuites qui les accompagnent toutes.

A l'égard des Entrées de la France, il les faut conſerver en l'état qu'elles ſont pour les ſommes ſeulement , en aplaniſſant les difficultez , dont il ne revient rien au Roy , mais rebutent les Etrangers.

Pour les Droits de Sortie il ne leur faut faire aucun quartier , mais les ſuprimer entierement , puiſque ce ſont les plus grands ennemis du Roy & du Roiaume qu'il puiſſe jamais y avoir.

En éfet , la miſere étant le plus grand mal qui puiſſe arriver à un Etat, & l'aviliſſement des fruits , dont on

ne peut trouver les frais de la culture,
étant le plus grand principe de la defolation , il en faut uſer comme à l'é-
gard d'un ennemi declaré qui vient
pour envahir un Païs, lorſqu'on le
voit dans le deſſein de faire retraite,
il lui faut faire un pont d'or.

Or eſt-ce faire ce pont d'or à cet
aviliſſement le plus grand deſtructeur
de biens qu'il y eut amais , que de
lui former juſqu'à vingt ſix obſtacles
ſur le même lieu , par autant de gens
à gages , & dont la fortune conſiſte
à le faire reſter dans le Païs pour
continuer ſes ravages, comme on vient
de marquer à l'égard des Doüanes
ſur les Sorties & Paſſages de la
France ?

C'eſt la même conduite à l'égard
des Bleds & l'œconomie des Tailles,
tous ces Monſtres que l'on a décrits,
ne travaillent nuit & jour que pour
maintenir cet aviliſſement : Ainſi pour
continuer à faire la guerre à cette
éfroiable maniere , il faut abſolument
reduire le Droit de quatriéme au huitiéme dans ces quatre Generalitez,

comme par tout ailleurs où les Aides ont lieu.

Lorsque ce Droit fut établi pour la Campagne, où il n'étoit point, environ vers l'année 1640. à ce que l'on croit, toutes les Contrées donnerent une somme pour en être exemptes : mais dans les seules quatre Generalitez mentionnées, les Gentils-hommes & Personnes notables, eurent l'indiscretion de l'acheter presque pour rien ; & concevans bien qu'il n'étoit pas exigible au pied de la lettre, sans tout ruiner, ils n'en tiroient pas le tiers, & soufermoient aux Cabaretiers à tres-grand marché.

Mais aprez 1660. ceux qui gouvernoient croians le Roy lezé dans cette vente, comme il l'étoit éfectivement, ils le retirerent sans remboursement aux Aquereurs, estimans que la joüissance leur en tenoit lieu ; ce qui étoit veritable : & il n'y auroit eu rien de gaté, s'ils avoient continué à le faire valoir comme les premiers Aquereurs ; mais l'ayant voulu exiger à la derniere rigueur, ce fut une con-

fiſcation des Vignes & des Liqueurs,
& une condamnatiom aux deux tiers
des Peuples du Roiaume de ne boire
que de l'eau , d'autant plus qu'on
quadrupla les Droits d'Entrée à même tems , dans les Villes non taillables de ces quatre Generalitez , par
l'établiſſemens de divers Traitans &
Bureaux , qui triploient par ce ceremonial , & l'embarras ou ſejours de
Voituriers, le mal déja cauſé par l'excez des ſommes.

Ce qui reduiſit la conſommation
de ces Villes à la dix ou douziéme partie de ce qu'elle étoit auparavant ; &
encore davantage à la Campagne, puiſque n'y aiant point conſtamment de
Village autrefois où il n'y eut juſqu'à
deux ou trois Cabarets , preſentement
c'eſt un hazard ſi dans dix il s'en trouve un ſeul pour toute la Contrée.

Par où on peut voir le profit que
les Traitans ont fait en ruinant le Roy
& les Peuples.

Ainſi on ne renverſe point l'Etat,
n'y on ne les congedie point en re-
duiſant le quatriéme au huitiéme , &
on ne delivre point la France tout à

coup, comme on fit la Rochelle, on les ménage & on veut vivre avec eux, en les priant de souffrir seulement qu'on ouvre une porte, & aussi tôt ces Provinces de Vignobles qui perissent par l'abondance, deviendront tout à coup tres riches.

Sur ce même compte, il faut reduire les Droits d'Entrée des Villes non taillables dans ces quatre Generalitez, à la juste moitié de ce qu'elles sont à present : & comme il y a plusieurs Traitans, il faut que la reduction, soit au sol la livre de prix de leurs Baux, & ils gagneront considerablement, puisqu'ils pratiquent eux mêmes cette remise tous les jours dans les occasions lorsqu'ils sont habiles, sachant bien que sans cela on ne vendroit rien & qu'ils perdroient tout.

Il faut encore que tous ces divers Droits soient reduits à une seule & même somme certaine, d'un nom de monnoye d'argent, & nullement revetus d'un nom de guerre, comme par ci devant, c'est à dire parisis, sol denier, travers, resve, haut passage, grand,

grand, petit & nouveau Droit, qui
se trouvans souvent combinez ensemble, sont autant de piéges tendus
à des gens qui ne sçavent ni lire ni
écrire, comme sont tous les Voituriers, pour tout confisquer ou les
ruiner en séjours, quand ils ne veulent pas les racheter à prix d'argent.

Le Jauge est le comble de la vexation; outre qu'il est impossible naturellement de construire une futaille
d'une justesse mathématique, ensorte
qu'il n'y ait point un verre ou un
septier plus ou moins, il est de la même impossibilité à un Jaugeur de garder une pareille exactitude dans son
calcul, & jamais deux pareilles gens ne
se rencontrent dans leurs mesures,
même à beaucoup prés, comme on a
quelquefois fait expérience.

Ils en usent même si bien : qu'ils
crient leurs suffrages à l'encan à qui
en donnera le plus du Commis ou du
Voiturier, pour rendre un Procés
verbal favorable à l'un ou à l'autre
sur la continence de la futaille.

Il les faut absolument supprimer, &

les contrées gagneront cent pour un
en les remboursant ; on peut ordonner
que l'on fasse les Vaisseaux le plus
juste que faire se pourra , en marquant
la mesure ; & lorsque dans les Entrées à vûë d'œil on les trouvera dé-
fectueuses sans les pouvoir arrêter, on
les dénoncera aux Juges ; pour être
condamnez en amende , comme on
fait un Cabaretier , lorsque ses vaisseaux ne sont pas justes ; ce qui ne
pourra être fait à moins que le mal
ne soit considerable , & sans frais devant l'Intendant ou son subdelegué,
autrement le reméde seroit pire que
le mal.

Il y a encore un Monstre à conjurer, qui sont les déclarations , droits
de passages , qui s'exigent sur ce qui
passe debout à chaque endroit , & qui
cause les mêmes vexations dont on a
parlé.

Il faut de la liberté dans les chemins , si l'on veut voir de la consommation, & par consequent du révenu ;
ce qui ne peut être tant qu'il y aura à
chaque pas des gens payez , & qui
attendent leur fortune à empêcher

qu'un Païs ne commerce avec l'autre, en s'aidant réciproquement des
Denrées, dont l'abondance les ruïne, pour recouvrer celles dont la
difette pareillement les rend miférables.

Pour ce fujet, il faut ordonner
que tout Voiturier, foit par eau ou
par charroy, qui voudra conduire
des Liqueurs en quelque lieu, fi éloigné qu'il puiffe être, fera obligé
d'en prendre un Paffe, avant du plus
prochain Bureau des Aydes, s'il y en
a, fi-non du Juge de Police, qui ne
pourra coûter que dix fols, tout compris : cét Acte portera la déclaration
de la quantité de la voiture, & du lieu
où l'on la deftine, & avec ce Viati-
que, il fe mettra en chemin, fans
que qui que ce foit le puiffe arrêter
dans fa route, foit Bourgs ou Villes
murées, ni aucun Bureau exiger autre
chofe que la fimple vûë de fon Acte,
fans s'en deffaifir, ni le retarder un
moment, lui ni fa voiture.

Dans les lieux, comme Villes &
Bourgs d'Aydes où il paffera la nuit,
ne pourra décharger ni toucher à fa

Denrée, à moins de quelqu'inconve-
niene, auquel il faudroit donner ordre
auquel cas il seroit tenu d'aller avertir
le receveur des Droits du lieu ; le tout,
à peine de confiscation de la Marchandise, charettes & chevaux , & de mille livres d'amende contre l'Hôte où
les contrevenans seroient logez.

Que si le Voiturier en chemin trouve à vendre sa Marchandise plus commodément qu'aux lieux où il la desti-
noit, il le pourra faire en payant les
Droits du lieu, si c'est dans un Village
où il ne soit rien dû, il ne payera rien.

De cette sorte, non seulement on
ne renverse pas l'Etat ; mais au contraire étant tout boulversé, on le remet dans une entiére félicité : en un
mot , en cet Article comme aux deux
autres , c'est la levée du Siége de la
Rochelle ; & la même extravagance
qui se seroit rencontrée dans les objections qu'on auroit pû faire, en sou-
tenant qu'il auroit falu du tems aprés
les portes ouvertes , pour avoir le
pain à un sol de cent fois autant
qu'il étoit , se trouve dans cette occasion, si quelqu'un prétendoit qu'une

Déclaration publiée sur ce stile ne mettroit pas aussi-tôt toutes choses en valeur, & par conséquent tous les Peuples dans la félicité, & en état de fournir avec profit tous les besoins du Roy.

Cette modération qu'on apporte aux fonctions & au produit des Traitans, loin d'y donner atteinte & de diminuer les Baux, on maintient, comme on a déja dit, qu'ils regagneront en gros par la hausse de consommation, ce qu'ils allégueroient aujourd'hui devoir perdre par l'altération de la somme.

Cela n'a jamais manqué toutes les fois que le cas est arrivé, & récemment dans la distribution du Tabac, où la recette a augmenté après qu'on a eu baissé le prix.

Et le contraire à l'égard des Entrées, & l'on sçait des Bureaux notablement diminuez par la hausse des Droits.

Enfin on maintient que la réédification dans les quatre Generalitez, dont le saccagement qui s'y commet par les Aydes, ruine également tout le

reſte du Royaume, ne doit point diminuer d'un ſol le prix des Baux, par
cette moderation du quatriéme au
huitiéme & des Droits d'Entrée dans
les Villes non taillables.

Que ſi les Fermiers d'aujourd'hui
ne le veulent pas comprendre, cela
ne fera aucun dérangement ; parce
que comme aucun n'eſt aforfait, &
tous demandent toutes les années
des dédommagemens à cauſe du malheur des tems, il y a du monde tout
preſt à prendre leur place à cette condition de ne rien diminuer, & on eſt
aſſuré qu'ils feront leur compte.

Il reſte les Droits de Paſſage &
de Sortie, tant du Royaume, que
des Provinces réputées étrangéres,
établis par une ſurpriſe éfroyable ; il
eſt aſſuré que le Roy n'en reçoit point
preſentement quinze cens mille livres, non compris le Convoy de
Bourdeaux, auquel on ne touche
point, n'y ayant preſque que le Pont
de Jolgni dont le produit ſoit conſiderable.

Or outre que cette ſomme de quinze
cens mille livres ſera bien plus que

gagnée dans la maſſe de tout le
Royaume, par une opulence generale , quand le Roy la remetroit à
ſes Peuples en pure perte ſur lui :
n'y vouloir pas entendre, c'eſt la
même choſe que de ne vouloir pas
ſemer pour recüeillir vingt pour un,
en regardant le Bled qu'on jette dans
la terre, comme perdu.

Les quatre-vingt millions de hauſſe
de Tributs dont on va faire fonds
ſur les Peuples avec applaudiſſe-
ment, & des actions de graces de
la part de tous ceux qui ne ſont
point ſuſpects ſur cette matiére, ce
qui répond que c'eſt l'argent comptant : Cette ſomme, dis-je, eſt une
récolte aſſez abondante pour n'y pas
épargner une pareille ſemence.

Et pour montrer invinciblement,
qu'il n'y a rien que de tres-réel dans
les ſuites d'une Déclaration, qui ne
coûtera point trois heures à conſtrui-
re ſur ce modéle, en rectifiant les
trois Articles, ſeuls principes de la
miſere des Peuples : il n'y a qu'à en
faire un eſſay en la publiant ſeulement, parce qu'on en ſuſpendra l'exé-

004ution d'un mois ou deux, on maintient que dans le moment tous les
biens seront confiderablement aug-
mentez: On peut juger par cet échantillon de l'éfet qu'on doit attendre
de la piéce, & qui est vifionnaire
de l'Auteur de ces Mémoires ou des
Contredifans.

Comptant donc fur cinq à fix cens
millions de hauffe dans la confommation par un éfet fubit, & une violence ceffée comme à la Rochelle, il
faut venir à la part du Roy, dont il y
auroit autant d'injuftice au Peuple de
lui refufer une parcelle de cette augmentation de biens, qu'il y avoit de
furprife ci-devant à exiger la confifca-
tion entiere, tant des meubles que des
immeubles, comme il n'eft que trop
atrivé, en contributions réglées ; ce
qui ayant commis le Prince & fes
Sujets par des refus d'une part, que
la feule impoffibilité d'executer empêchoit d'être criminels, & de vaines
contraintes, quoi que des plus violentes, de l'autre, a plus détruit de
biens & fait de ravages, que jamais
les plus grands ennemis du Royaume

ne lui ont caufez dans leurs victoires
les plus complettes depuis l'établiffement de la Monarchie.

Il faut que les Tributs coulent aux
mains du Prince comme les Riviéres
coulent dans la Mer, c'eft-à-dire tranquillement ; ce qui ne manquera jamais d'arriver, lorfqu'ils feront pro-
portionnez au pouvoir des Contribuables, tant fur la chofe que fur la
perfonne : la dérogeance qu'on a ap-
portée à cette régle, eft feule caufe de
tout le défordre.

Un Monarque en doit ufer envers
fes Peuples, comme Dieu déclare qu'il
fera envers les Chrétiens ; fçavoir,
qu'il demandera beaucoup à qui aura
beaucoup, & peu à qui aura peu.

Et fur le même ftile un Pere de
l'Eglife attefte, que de quelque grand
prix que foit le Paradis, Dieu ne le
vend aux Fidelles, quelques miferables qu'il foient, que le prix qu'ils le
peuvent acheter : Voila l'unique niveau des Tributs, & celui des quatre-
vingt millions de hauffe que l'on va
établir dans le Chapitre fuivant.

CHAPITRE ONZIE'ME.

ON a dit au commencement de ces Mémoires, que les Princes les plus riches étoient, ceux que avoient moins de genres de Tributs, & qui passoient plus droit en leurs mains sans poser nulle part au sortir de celles de leurs Peuples.

Or pour en former un de ce genre, il n'est point necessaire de faire rien de nouveau, il n'y a qu'à s'adresser à la Capitation, qui a d'abord ces deux qualitez de passer droit sans frais des mains des Peuples en celles du Monarque ; & pour lui faire atteindre jusqu'au niveau de ses besoins dans la conjoncture presente, ce qu'elle ne fait pas à beaucoup prés, quoy que ce fût l'intention des fondateurs portée même par le titre de son établisse-ment, il n'est pas tant pas necessaire de la perfectionner, que de la faire cesser d'être ridicule.

En éfet, le principe de qualitez &

d'emplois que l'on y a marqué , pour régler le degré de contribution dans chaque Particulier indépendamment de ses tres-grandes richesses ou de son extrémere misere , ce niveau n'en faisant aucune difference , est la même extravagance que seroit une Loi qui ordonneroit que l'on payeroit le drap chez un Marchand , & la dépense au Cabaret , non à proportion de ce qu'on auroit pris chez l'un & chez l'autre , mais suivant la qualité & la dignité du Sujet qui se seroit pourvû de ses besoins.

Les Tributs sont une redevance aussi legitime , commandée par la bouché de Dieu même , que peut être le payement de quelque dette que ce soit , & cela au sol la livre des biens que l'on possede dans un Etat , & c'est bailler le change que d'y avoir mis un niveau qui fasse payer aux uns quatre fois plus qu'ils ne tirent , & ne doivent par consequent, & aux autres la cinquantiéme partie moins qu'ils ne sont tenus par cette même régle de justice.

Il est certain & public : que lés qua-

litez & dignitez ne dénotent non plus
les facultez d'un homme, que sa taille
ou la couleur de ses cheveux.

Il est donc du même ridicule d'a-
voir établi, qu'un Avocat ou Marchand, ou un Seigneur de Paroisse
& un Officier payeront la même somme, qu'il le seroit de régler que tous
les boiteux contribuëroient la même
quantité, & que ceux qui marche-
roient droit en fourniroient une autre;
la raison de l'extravagance de cette
derniére disposition se trouveroit, en
ce qu'il se rencontreroit en l'une &
l'autre de ces deux Classes des Sujets
riches, & d'autres qui n'auroient rien
du tout, l'opulence ou la misere n'é-
tant necessáirement attachée à aucune
Profession, non plus qu'à aucun genre
de taille ni couleur de poil.

Cette diversité se trouvant donc
chez les Avocats, les Marchands, les
Officiers, les Seigneurs des Paroisses;
on ne peut nier que la parité de méprise ou de ridicule ne se rencontre
également dans la disposition qui se
pratique, & celle que l'on vient de
marquer.

On

On ne peut préfumer autre chofe dans
ceux que Meffieurs les Miniftres
avoient chargé de certe œconomie,
finon qu'ils ont eu deffein de rendre
illufoire l'intention portée à la tête,
fçavoir la fuppreffion des affaires
extraordinaires, en rendant le produit
de cét Impoft infufifant à atteindre
aux befoins du Roy ; ce qui n'eût pas
été, s'il s'y étoient pris d'une autre
maniére : Et cela par le même efprit
que l'on avoit eu en laiffant déconcerter les Tailles par la fouffrance de
la mauvaife répartition, afin de donner ouverture aux Partis : deforte que
de cinquante-fix millions qu'elles
étoient ; il les a falu réduire à trente-
deux, pendant que l'on triploit les
Aydes, qui ne remplaçoient pas à
beaucoup prés ce décher à l'égard du
Roy, & coûtoient dix fois la Taille
au Peuple. Et il ne faut pas dire qu'il
demeuroit une partie des Tailles en
perte, parce que c'étoit un jeu fait à
la main, les Répartiteurs traitans de
ce Regrat, où ils gagnoient des fom-
mes immenfes : Et aujourd'hui que la

Q

Taille accompagnée de la Capitation
& Utanfiles, va à plus de cinquante-
fix millions, on n'y perd rien, quoi
que la Campagne foit quatre fois plus
pauvre.

Ou tout au plus que fe trouvans
bien partagez du côté des biens, ils
n'ont pas voulu que les facultez
fiflent le niveau de ce Tribut, mais
les dignitez ? ce qui éxigeant une
poffibilité générale, & les plus
dénuez faifans par conféquent la
régle, c'étoit une fauve-garde à leur
opulence, de ne payer que trés peu
de chofe, par rapport à leurs
poffeffions.

Enquoy ils fe font bien plus
trompez que le Prince, puifque les
affaires extraordinaires ayant recom-
mencé mieux que jamais, le dépériffement que cela a caufé à la maffe de
l'Etat, leur coûte trois fois plus que
n'auroit fait une quadruple Capitation
qui n'auroit pas même été neceffaire
pour les garantir de cét orage.

On en prend à témoin toute la
Robe, les Marchands & les Seigneurs

des Paroisses ; & il faut qu'ils conviennent, pour peu qu'ils veüillent
dire la verité, qu'il en est arrivé comme aux Tailles, la decharge que les
riches ont faite de leur juste contribution, pour en accabler les pauvres,
ayant mis ceux-cy hors d'état de consumer l'herbage dont on a parlé, qui
est généralement tous les biens, elle
est devenuë entiérement en perte aux
Propriétaires, qui ont été tout à fait
ruïnez par ce prétendu privilege :

Parce qu'il y a une attention à
faire, à laquelle qui que ce soit n'a
jamais refléchi, sçavoir que le Corps
d'Etat est comme le Corps Humain,
dont toutes les parties & tous les
membres doivét également concourir
au commun maintien, attendu que la
desolation de l'un devient aussi tôt
solidaire, & fait perir tout le sujet :

C'est ce qui fait que toutes ces
parties n'étant pas d'une égale force
& vigueur, les plus robustes s'expo-
sent & se presentent même pour recevoir les coups que l'on porteroit aux
plus foibles & plus délicates, qui ne

font point à l'épreuve de la moindre
atteinte, fans parler du Serpent à qui
l'Ecriture Sainte fait fervir de fym-
bole de prudence, à caufe qu'étant
affailly, il couvre fa tête de tout fon
corps : La Nature n'apprend-elle pas
aux hommes dans les occafions de
préfenter les mains & les bras pour
parer ou recevoir les coups que l'on
porte aux yeux & à la tête ?

Les Pauvres dans le Corps de l'Etat
font les yeux & le crane, & par conféquent les parties délicates & foibles
& les Riches, font les bras & le refte
du corps : Les coups que l'on y porte
pour les befoins de l'Etat, font prefque imperceptibles, tombans fur ces
parties fortes & robuftes ; mais mor-
telles, atteignans les endroits foibles,
qui font les miférables, ce qui par
contrecoup defole ceux qui leur
avoient refufé leur fecours.

L'on fçait comme le ménage d'un
Pauvre fe méne ; toute fa fortune roule
affez fouvent fur un écu ou deux, qui
par un renouvellement continuel, le
font fubfifter luy & toute fa famille,

& confumer par conféquent les
Denrées excroiffantes fur le fonds des
Riches , fans quoy ils leur demeurent
en perte , qui eft la fituation d'aujourd'huy.

S'ils font privez de cet écu ou deux
tout à coup, par une injufte repartition
d'Impoft , ou d'une affaire extraordinaire , caufée par l'infuffifance des
Tributs réglez d'atteindre aux befoins
du Roi, à caufe que les Puiffans n'ont
pas à beaucoup prés voulu fournir
leur contingent : Voilà ce crane &
ces yeux bleffez mortellement , qui
font périr tous ces membres robuftes
qui n'ont pas voulu leur parrer les
coups ; ce qu'ils auroient pû faire ai-
fement , fans en recevoir que de trés-
legéres atteintes.

Pour l'intéreft donc des riches , il
faut payer la Capitation au dixiéme
de tous les biens , tant en fonds qu'en
induftrie ; & ce fera à titre lucratif de
leur part , tant part le rétabliffement
des trois Articles cy-deffus mentionnez , que par cette derniére raifon ;
& on ne craint point de repartie ou de

contradiction, qui ne foit abfolument une extravagance , en foûtenant, comme on fait qu'il n'y a aucun de ces contribuables qui ne gagne dix pour un de ce qu'ils payeront.

Il y a eu en tout temps , & dans tous les Etats du monde , des Capitations ; autrefois en France fous les Rois Jean & François I. & prefentement en Angleterre & en Hollande , & toutes n'ayant d'autres régles que la quotité de biens , n'ont jamais fait le moindre fracas , ni le moindre dérangement , tant dans leur levée , que dans leur payement.

La furprife l'a pû établir autrement en l'état qu'elle fe trouve aujourd'hui en France ? mais apres ces éclairciffemens , il n'y a que le crime qui la puiffe refufer de la maniére qu'on la propofe , qui eft celle de toutes les Nations du monde.

L'allégation, qu'il eft difficile de trouver la quotité des biens des Particuliers , ou cruel à eux d'en rendre compte , eft abfolument impertinente; puifque dans le premier , elle fuppofe que les Peuples autrefois en France, ainſi qu'en Angleterre & en Hollande étoient ſorciers, pour avoir de pareilles révelations, & que ceux d'aujourd'huy dans ce Royaume, ſont des bêtes : & dans l'autre, on traite de cruauté une maniére, qui étant le ſalut de l'Etat dans la conjoucture preſente, ſe pratique tous les jours tranquillement dans cent autres occaſions bien moins importantes.

Faut-il rebâtir une Egliſe ou un Preſbytére, les frais s'impoſent, & ſe répartiſſent au ſol la livre de ce qu'on a de bien dans la Paroiſſe.

Eſt-il beſoin de régler le mariage ou la légitime d'une fille avec ſes freres aprés la mort du pere & de la mere, cela ſe fait tous les jours devant les parens, ou par la Juſtice ſur vûë de Piéces.

La même choſe des dettes qui ſurviennent long-tems aprés ſur une ſucceſſion partagée entre pluſieurs collatéraux.

Depuis le plus grand Seigneur juſqu'au dernier Ouvrier, il y a des

barométres certains d'opulence , &
évidens à ceux qui ont la pratique de
la vie privée , mais qui sont lettres
closes pour tout ce qui n'en n'a que
la simple spéculation , comme sont
tous Messieurs les Intendans des
Provinces , quelques bien intentionnez qu'ils soient.

Le cru de Paris , dont ils sont tous
originaires, ce qui n'étoit pas autrefois
à beaucoup prés , est fort peu propre
à donner la connoissance d'un Etat ,
puisqu'on y peut posséder de trés-
grandes richesses , sans avoir un pied
de terre que l'on compte pour le
dernier des biens , quoy qu'elle donne
le principe à tous les autres ; l'on
renferme ordinairement toutes ses
attentions , à l'égard de la Campagne
en ces quartiers-là , à des embellissemens & décorations de maisons de
plaisance.

Ce dixiéme encore une fois , est
aussi aisé a trouver en ce Royaume
qu'ailleurs , quand on y employera
les mêmes sujets qui agissent en ses
contrées , & qui travailleront à leurs

périls & rifques, en forte que Mef_
fieurs les Miniftres n'auront point la
tête rompuë des injuftices qu'on y
pourroit commettre.

C'eft un dixiéme en argent qu'il
faut payer, & non point en effence ou
dîme Royale, comme une perfonne
de la première confideration, tant par
fon mérite perfonnel, que par l'élévation de fes emplois, a voulu propofer
au Roi fur la foi d'un Particulier, qui
en avoit compofé le projet, fans avoir
jamais pratiqué ni le Commerce ni
l'agriculture, ce qui ne peut qu'en-
fanter des monftres.

» En éfer, il eft inoüy que l'on puiffe
établir, ni trouver à donner à ferme
une levée du dixiéme de toutes les
Denrées d'un Village, fans donner
un lieu pour les répofter, n'y ayant
nul endroit du monde où il s'en
trouve d'inutiles, puifqu'on n'a pas
fouvent moien d'entretenir les plus
néceffaires.

De plus, l'obligation de bailler
caution, comme pour les deniers du
Roi, de paier de trois mois en trois

mois comme on fait la Taille, & de percevoir cette dîme sur les Nobles & Privilégiez qui en étoient auparavant exempts, sont des clauses qui font, qu'il n'y a point d'Habitant de la Campagne qui n'aimât mieux donner de l'argent en pure perte, que de se rendre Adjudicataire d'un pareil-fermage, à la quatriéme partie de sa juste valeur.

De quoy on peut voir un exemple lors des faisies des Terres des Gentils hommes, puisque la régie est donnée souvent pour la dixiéme partie de sa juste valeur, sans que les créanciers puissent faire autrement, & sans que le saisi même use de violence pour ce sujet.

Toutes les mains étrangeres même qui possédent des dîmes dans des Villages éloignez, sçavent bien que s'ils les proclamoient sans fournir de Bâtimens, en ayant toutes lorsqu'elles sont un peu considérables, & à condition de donner caution, & de payer de trois mois en trois mois, sans nul quartier, ils n'en trouveroient quoy que ce soit, ou tout au plus, que la dixiéme partie de la valeur précédente puisque dispensant de toutes ces clau-ses, ils en perdent encore souvent la meilleure partie lors du déperissement du prix des Denrées, comme aujourd'huy, ce qu'un remplacement de Tailles & d'autres Impôts ne peut souffrir, puisque le payement à l'écheance du terme est de rigueur, attendu que le maintien de l'Etat qui ne souffre point de retardement, roule uniquement sur les levées des Impôts.

On a fait cette reprise, pour montrer que le rétablissement de la France n'a point deux maniéres, & qu'il n'y a uniquement que celle qui a été pratiquée en France dans tous les siécles, & dont l'usage a été reçû & l'est presentement dans tous les Etats du monde, qui est celui qu'on propose à titre encore une fois lucratif de la part des Peuples; puisque, quoy que la Capitation payée réguliérement à ce dixiéme par une fidele exécution, atteigne constamment à plus de cent milions, elle ne prendra point assuré-

ment la cinquiéme ou la fixieme partie
des biens que le Roy aura retablis à fes
Peuples en un inftant , fans que l'on
craigne aucune objection à l'égard du
déconcertement , & encore moins de
la conjonêture , ni de la briéveté du
temps , qu'on ne faffe voir auffi tôt
être un renoncement à la raifon & au
fens commun ; en forte qu'on maintient , comme on a déja fait plufieurs
fois , qu'il n'y a point d'homme affez
abandonné de Dieu & des hommes ,
pour les ofer mettre par écrit , &
foufcrire de pareilles objections de
fon nom.

La réprobation de l'inftitution des
établiffemens que l'on combat , &
l'exécration de leurs éfets qui font
publics , purgent ces expreffions de
tout foupçon de témerité & même
d'extravagance ; ce qui feroit abfolument, & l'Auteur puniffable corporel-
lement , s'il n'avoit pas tout un
Royaume pour temoin des véritez
qu'il énonce , le feul intéreft du Roi
& des Peuples l'a engagé à en prendre
la defenfe avec d'autant plus de confiance

fiance, que l'intégrité de Messieurs les Ministes qui est aussi connuë que les desordres que l'on combat, l'assure qu'il ne risque rien à leur égard, mais qu'il leur rend un trés grand service.

Mais pour anticiper les objections, & épargner la peine de les faire à ceux qui voudroient y avoir recours, on soûtient d'abord que l'on ne peut impugner tout le contenu en ce Mémoire, qu'en soûtenant le mérite des trois Articles combatus, & par conséquent leur maintien.

Or pour faire voir l'horreur d'un pareil rôle, il n'y a qu'à penser si on pourroit trouver un homme sur la terre assez depourvû de sens & de raison, ou plûtôt assez ennemy de Dieu & des hommes, pour qu'il osât dire publiquement, qu'il est Auteur d'aucune de ces trois dispositions.

En éfet, quelqu'un pouroit - il avancer; c'est moi qui suis cause de la mauvaise repartition des Tailles, en sorte que l'on ruine tout-à-fait les miserables, ce qui les met entiérement hors d'etat de commercer & de con-

fumer, par où les riches perdent six
fois plus qu'il ne leur auroit coûté,
en prenant leur juste part de cet Impost, dont le desordre des uns & des
autres rejallit absolument sur le Roy ;

Des Bleds la même chose, un
homme bien sensé pouroit il avancer,
c'est moi qui a statuë & etabli, qu'il
faut que les Grains soient à si bas prix,
afin que tout le monde soit à son aise,
que les Fermiers ne puissent pas donner un sol à leurs Maîtres, lesquels
par consequent ne font travailler
aucuns Ouvriers ? Et aussi comme ce
bas prix empêche de labourer les
mauvaises terres pour n'en pouvoir
suporter les frais, que cet abandon est
un excellent moyen pour éviter les
chertez extraordinaires dans les années
stériles, ainsi que de le faire consumer
aux bestiaux, comme il arrive aujour-
d'huy.

A l'égard des Aydes, Doüanes &
Passages, il faudroit renforcer
d'efronterie ou d'extravagance, pour
se dire auteur de toute la manœuvre
qui s'y fait, & publier qu'on a eu

raison d'établir vingt-six déclarations
à passer, ou Droits à paier, sur un
même lieu & pour un même Prince,
auparavant qu'une Marchandise puisse
être embarquée ; & qu'à l'égard des
Liqueurs, on a un juste sujet de paier
dix mille personnes aux dépens du
Roi & du Public, pour faire arracher
la moitié des Vignes du Rôiaume,
& obliger les deux tiers des Peuples à
ne boire que de l'eau.

Voila pour l'aveu de l'établissement
que l'on ne croit pas qu'il y ait qui
que ce soit qui puisse reclamer, que
l'honneur lui en soit attribué.

Pour le delay, sous prétexte de la
conjoncture, qui est la ressource la
plus ordinaire de la part des personnes
interessées au maintien de ces desordres, l'extravagance & le renoncement à la raison n'y sont pas en un
moindre degré, puisque chacun de
ces articles pris en particulier faisant
un desordre épouvantable, & plus
que tous les ennemis du Roi , & le
principe qui les cause n'ayant d'ailleurs non plus de rapport à la Paix &

à la Guerre, qu'à la vie ou à la mort
du Roi de la Chine ? on ne peut user
de pareils raisonnemens pour retarder
le Remede, sans montrer qu'on ne
craint ny Dieu ny les hommes.

D'autre côté, comme pour sortir
de la conjonéture presente, il faut des
sommes trés-considerables, on maintient qu'il n'y a point d'homme si habile presentement dans le Roiaume,
qui mettant d'une part les Charges
ordinaires & indispensables de l'Etat,
ainsi que le payement des arretages
de ce que le Roiaume doit sous le
nom du Roi ; & de l'autre, ce que les
revenus ordinaires peuvent fournir,
& apres, pour en faire la balance
egale, puisse trouver des moyens d'y
subvenir, non du tout, mais à la
quatrieme partie, ni qu'il voulut être
garand du succes de ce qu'il propose-
roit à la perte de tous ses biens, en
cas de non reüssite

En sorte que le combat est entre
deux situations : L'Auteur de ce Mémoire propose au nom des Peuples,
dont il n'est que l'Avocat, des mani-

tres qui sont celles de toute la terre, que l'on ne peut contredire sans renoncer à la raison, & se rendre ridicule; & il a pour Adversaires d'autre côté, des gens qui veulent pour preferer une esperance sur des moyens qu'ils auroient honte de proposer par écrit, & sur le succez desquels ils seroient fort fâchez qu'on roulât leur fortune.

Le seul & plus cruel ennemi enfin que ses dispositions ont à combattre, & que le fondement de ce grand rétablissement de biens aux Peuples, qui les mettra en état d'en faire part au Roy, roulant uniquement sur la cessation de maniéres établies & pratiquées avec applaudissement envers les Auteurs, de la part seulement néanmoins de Sujets interessez, flâteurs ou ignorans, il s'ensuit une conséquence trés-fâcheuse; sçavoir, que cette destruction ne peut être un grand bien, qu'autant que l'admission de ce qu'on renverse étoit un tres-grand mal, & également la ruine du Roy & des Peuples. Or un pareil énoncé n'eſt guéres un langage de Courtiſan.

Comme Meſſieurs les Miniſtres d'aujourd'huy n'y ſont pour autre choſe, que pour avoir trop agi ſur la foy de leurs Prédéceſſeurs; ayant jugé d'autruy par eux-mêmes, & ſuppoſé autant d'intégrité dans les autres, qu'ils s'en trouvent revêtus de notorieté publique;la reconnoiſſance de la ſurpriſe, loin d'intéreſſer leur réputatipn, leur pourra procurer beaucoup d'honneur à la vérite aux dépens de ceux qui leur ont laiſſé de ſi mauvaiſes maniéres.

Et tout compté, c'eſt un marche bien avantageux de ſe tirer de l'état preſent par un rétabliſſement entier de la richeſſe des Peuples, qui attire celles du Roy aprés elle, & par conſequent le payement de ſes dettes, comme du temps de Monſieur de Sully.

Mais quelqu'utilité qu'il en vienne au Royaume, & quelque modique phyſique l'on exige pour un ſi grand bien, on n'obtiendra jamais le conſentement de gens à qui un bouleversement général est bien moins sensible qu'une ruine singuliere d'esperance d'acquerir des biens, ou la crainte de perdre une réputation très-mal acquise, dont ils tiroient le même profit que s'ils l'avoient très-bien méritée : Comme ce n'est pas là encore une fois à beaucoup prés l'espéce de Messieurs les Ministres, on est persuadé qu'ils regarderont avec bonté un travail qui n'a eu d'autre objet, que de rendre service au Roy, au Public & à eux, d'autant plus qu'ils ajoûteront par leurs grandes lumieres ce qui pourroit manquer à la perfection de ces Mémoires, par où on les finit, avec une forte persuasion fondée sur l'idée generale de tous ceux qui en ont pris communication, que l'Auteur s'est acquité, de ce qui étoit porté dans le titre de son Ouvrage.

Et pour derniere preuve physique & incontestable de la verité de tout cet enoncé, c'est que celui qui l'a composé, se dit publiquement Auteur de quatre-vingt millions de hausse d'exigence sur les Peuples, & en atrend des remercimens, à cause des conditions qui l'accompagnent; pendant que ceux qui le voudroient contredire, ou proposer de bien moindres somme exigibles par les maniéres pratiquées, n'oseroient ny se découvrir, ny s'en déclarer Auteurs.

La raison de l'une & de l'autre conduite est très-sensible, puisque par le premier l'Auteur ne se propose que de faire payer la cinquiéme partie de ce qu'on aura rétably de biens aux contribuables; & par l'autre il faudroit exiger l'impossible, ce qui n'est pas sans exemple, ou plûtôt ce qui n'en a que trop eu par le passé.

Et comme il est inoüy de demander aux Peuples ce qu'ils ne sçauroient payer, il leur seroit également criminel de refuser à leur Prince pour ses besoins, une partie des facultez dont il les auroit remis en possession.

Pour à quoi parvenir, on maintient à la face de toute la Terre, sans crainte encore une fois d'être contredit par écrit, qu'il ne faut point trois heures de travail de la part de Messieurs les

Miniſtres, & quinze jours d'exécution
de celle des Peuples , parce qu'il ne
s'agit que de ceſſation d'une tresgran-
de violence ; comme au Siege de la
Rochelle.

Les Bleds de Barbarie exclus de la
Provence, redonneront au Languedoc
ſix fo s cette hauſſe d'Impoſt , & à la
Provance même.

Si cette Province achete les Grains
plus cher , n'en croiſſant que trés-peu
chez elle , elle y regagnera au triple
par la vente augmentée , & de prix &
de quantité ſur ſes huiles , ſes olives ,
ſes raiſins & ſes figues ſeches, que l'on
ſçait ſouvent y être à rebut , & qui ne
ſont en ce miſerable état , que parce
que les Provinces chez qui les Bleds
ſervent de contr'echange pour ſe procurer le reſte , ſont mis hors de ce
pouvoir par leur aviliſſement.

Cet établiſſement des Bleds de
Barbarie , n'a pû au plus être bon que
dans des temps de ſterilité ; mais par la
continuation ordinaire, il n'y a rien
de ſi prejudiciable , & ce maintien
continuel n'eſt même que l'éfet de

l'intérest singulier & personnel des Munitionnaires, qui pour gagner sur leurs marchez, en faisant leur Magasins à meilleur compte, se mettent peu en peine du bien general duRoi & des Peuples : joint à cela l'utilité particuliére des Entrepreneurs, qui se conservent dans ce commerce par de la protection achetée à prix d'argent. Et cette faute contre la Politique, d'admission de Bleds étrangers hors le temps de sterilité, sur tout dans un Païs fecond comme la France, est si grossiére, qu'outre l'exemple de l'Angleterre, qui achéte le contraire à prix d'argent, c'est-à dire la sortie des Grains, l'Espagne qui par l'abandon presque continuel de la culture de la plus grande partie de ses meilleures terres, en sembleroit être dispensée d'autant plus que la cherté y est plus ordinaire que le prix raisonnable ; en sorte que sans les secours du dehors, elle seroit souvent exposée aux derniéres extrêmitez : cependant dans les années d'abondance, elle connoit si bien les horreurs de l'avilissement de cette Denrée de Grains, que depuis l'union des deux Monarchie en la Royale maison de Bourbon, elle a prié que l'on ne lui en apportât point dans ces occasions, quoy qu'il y eût à gagner pour le menu Peuple, à parler le langage erroné qui regne en France depuis si longtemps.

Ainsi on maintient qu'il n'y a point de muid de Bled refusé de la Barbarie, qui n'en fasse croitre cent d'augmentation dans le Royaume, par les raisons marquées & connuës de tous les Laboureurs, mais qui sont lettres closes pour la spéculation, seule cause de cette suprise; & outre encore cette augmentation d'excroissance à cent pour un, c'est la même crûe dans le revenu, n'y ayant point pareillement aucun de ces muids banis de la Provence, & par consequent de la France, qui ne procure pour sa part quatre mille livres de surcroit de revenu, par les mêmes principes.

Enfin pour derniere periode de ce Memoire, on soûtient que les Peuples ne pouvans payer rien au Roi que par la vente de leurs Denrées, & le Prince étant en état de doubler en un mo-

ment cette même vente , par la ceſſation d'une violence qui en a anéanti
ou ſuſpendu plus de la moitié ; il eſt
de la derniére extravagance de traiter
de viſionnaires ceux qui viennent annoncer, que le Roy peut pareillement
doubler les Tributs , non ſeulement
ſans ruiner perſonne , mais en enri-
chiſſant tout le monde.

Or l'augmentation du prix des
Denrées fait celuy des Terres , qui
ſeules font vivre tous les Etats, depuis
le plus éleve juſqu'au plus abject.

Et le Laboureur enfin cultive pour
luy & toutes les autres Conditions, &
il leur fait part au ſol la livre du bien
& du mal qu'il ſouffre dans ſon commerce ou ſa vente ; quoy que ce ſoit
la choſe du monde que les Pauvres
conçoivent le moins.

Les quatre Generalitez ſoulagées
du côte des Aydes , feront revivre ſur
le champ les Province mitoiennés du
Royaume, qui recommuniqueront incontinent le même bien aux Contrées
les plus éloignées ; en ſorte que la
Capitation au dixiéme des biens , ne
ſera pas le quart de ce qu'elles auront
gagné à ce marché.

CHAPITRE XII.

POur recapituler tout ce Memoi-
moire, on maintient que le Roi
est en pouvoir de se rétablir, quand il
lui plaira trois cens millions de revenu reglé, comme du tems du Roi
François I. non en usant de contrainte ni d'execution contre les Peuples
comme par le passé, mais en les remettant en possession de leurs facultez
en tout leur entier, dont ils ont été
privez de plus de la moitié, montant
à plus de quinze cens millions par
des maniéres enfantées uniquement
par le crime, ainsi qu'on a fait voir
clairement, & continuées par surprise depuis 1660.

Pour ce sujet, il est nécessaire que
le Roi regarde la France & toutes ses
richesses comme à lui uniquement
apartenantes, & que tous les Possesseurs ne sont que ses Fermiers; qu'ainsi
tout ce qui les incommode dans leur

R

commerce & dans leur trafic , est la même chose que si le dommage lui étoit fait personnellement dans quelques fonds qu'il peut posséder en de certaines Provinces du Royaume.

Or du moment qu'il y a une infinité d'établissemens pour tirer ces redevances des Peuples , dont les frais se prennent auparavant tout , pendant que l'embarras qui accompagne la levée , anéantit vingt fois autant de biens que l'on en fait toucher au Prince , comme on a montré , & qui n'est que trop public ; n'est-il pas constant que c'est comme si le mal étoit fait à lui-même , & que par conséquent la cessation qui se peut faire en un moment enrichissant ses Peuples , c'est une opulence personnelle que l'on lui procure ?

On demande volontiers à tous les contredisans , qui ne peuvent être que la Nation qui vit & qui s'enrichit de la ruine du Roy , & des Peuples , si des dix mille genres d'Impôts qu'il y a aujourd'hui en France , levez par le canal des Traitans & Partisans , avec les circonstances connuës

& marquées, il y en a un seul dont
le fonds ne soit fait & ne s'exige pas
d'un Taillable ou d'un homme sujet à
la Capitation ; ces deux impôts enfer-
mant également les Nobles, Bourgeois & Roturiers, c'est à-dire tous
les hommes du Royaume.

De maniere qu'évaluant tout ce
que le Roi reçoit par ces dix mille
canaux, qui donnent de l'emploi à
plus de cent mille hommes ; & les
remettant sur la Taille & sur la Capitation, voilà tout d'un coup cent
mille payes à mille livres chacun par
an, qui est bon marché, c'est à-dire
cent millions de gagnez pour le Roy
& ses Peuples.

Ce qui n'est que la moindre partie
de l'utilité, puisque la plûpart des
anéantissemens de biens causez par ce
ministere, revivroient sur le champ,
au profit de ces Peuples, & par consequent du Prince.

Car de croire que le canal d'un
Partisan fasse trouver du bien où il
n'y en a point, lui n'ayant rien ordinairement, c'est renoncer à la raison,
& imposer à la foi publique, qui fait

R ij

que c'eſt juſtement le contraire ; &
que ſa main ſeule , comme le feu,
conſume le ſujet où elle s'attache.

Pour montrer cette verité plus
clairement en un ſeul article : Il n'y
a que des Taillables qui nourriſſent
les beſtiaux , dont les Boucheries des
Villes ſont fournies.

Or n'y a t'il pas des Traitans , Bureaux & Commis pour leur entrée
dans ces mêmes Villes ? ne s'en trou-
ve-t'il pas ſur le debit de la viande &
du ſuif ? n'y en a-t'il pas pareillement
ſur les laines qui en proviennent , ſur
les draps qui en ſont conſtruits , ſur
leurs paſſages & ſorties ?

Ce n'eſt pas tout, les cuirs qui partent du même principe , n'ont-ils pas
ſemblablement leurs impôts à part , &
juſqu'à quatre ou cinq,pour peu qu'ils
faſſent du chemin ſe mettant en route ?

Tous ces frais & préciputs doivent
être payez & portez par le Maitre du
mouton , ſavoir, un Taillable ou Pa-
ieur de Capitation qui l'a nourri &
élevé ; qui étant le Fermier du Roi ,
C'eſt la même choſe , encore une fois

par contre-coup , que si on faisoit
sortir ces sommes de la bource ou de
la liberalité du Prince , qui est le
moindre desordre ; ce que l'on ne
sauroit assez repeter, puisque le Néant
en tire encore dix-neuf fois davantage
que ces appointemens; & pour le faire
voir, on maintient qu'il n'i a point
presentement la quatriéme partie des
bestiaux dans le Roiaume de ce qu'il
s'en trouvoit il-y a quarante-cinq
ans ; ce qui apporte un pareil dechet à
la culture des terres , qui n'est bonne
& mauvaise qu'à proportion des troupeaux qui s'y trouvent.

La même chose des Vins, les dix ou
onze Bureaux qui se rencontrent sur
les Liqueurs ; avec la paye & la fortune des Traitans , doivent être portez avant tout par un homme taillable ou sujet à la Capitation. Or en recevant immediatement de leurs mains
ce qui revient au Prince par ce malheureux céremonial, c'est une richesse
immense pour eux comme pour le
Monarque, & une cessation de misere
pour tous les Peuples.

Puisqu'on maintient que par cette

effroyable œconomie , outre la ruine
des Laboureurs & Vignerons , plus de
la moitié des Peuples des grandes
Villes ; fur tout deça la Loire, & mémes de Paris & des campagnes , ne
mangent point de Viande , & ne boivent que de l'Eau ; ce qui diminuë la
plus grande partie de leurs forces , &
par confequent leur travail.

C'eft le même raifonnement fur
l'impoft des Bois , fur le Charbon, fur
le Foin, fur la Volaille, fur les Oeufs,
fur le Beurre , fur le Poiffon , fur le
Tabac , & enfin fur toutes les autres
Denrées , n'y en ayant prefque aucune d'exempte , on trouvera mémes
Bureaux , mêmes Commis , mêmes,
Traitans , même paye , ou plûtot méme fortune , & même anéantiffemens,
à effuyer par des Taillables ou payeurs
de Capitation , qui feroient prêts de
racheter au triple ce qui revient au
Roi de ces horribles manieres , & même avec quadruple profit de leur part.

Que l'on ne traite point ceci de
vifion, c'eft une pure réalité , & le
contraire ne peut être foûtenu fans extravagance , & fans montrer que l'on

ne craint ni Dieu ni les hommes.

C'est la maniere dont tous les Etats du monde sont administrez , & que la France l'a été jusqu'à la mort du Roi François I. que le crime seul l'a tirée de cette heureuse scituation comme on l'a fait assez voir ; & c'est par leur cessation que l'on prétend enrichir les Peuples , & par conséquent le Roi.

Il n'i a point de Fermier tenant des terres à loüage, qui ne soit content de hausser le prix de son fermage , en lui augmentant la quantité de ses terres.

Que l'on fasse une convocation de cent Laboureurs , Bourgeois ou Marchands de toutes les contrées du Royaume , il n'i en a pas un qui ne convienne , pourvû qu'on ne les aye pas corrompus pour les faire parler contre leur conscience , de payer quatre fois sa Capitation , & même par avance , pourveu qu'ils soient déchargez de tous ces mal-heureux precipus qui n'ont été inventez que pour ruiner le Roi & les Peuples , & enrichir les Entrepreneurs.

Et ce qu'il y a d'éfroïable est , que

dans la conjoncture presente , où la
France a besoin de toutes ses forces
pour se défendre de tant d'ennemis,
on a pris justement le contre-pied ,
entassant tous les jours Traitant sur
Traitant , avec les circonstances marquées , c'est à dire vingt de perte sur le
fonds pour un de profit au Roy.

Quoi qu'il n'y ait que de la surprise de la part de Messieurs les Ministres depuis mil six cens soixante seulement , on ne laisse pas de dire lorsqu'on propose de cesser de pareilles
maniéres , qu'on veut renverser l'E
tat , comme si l'Etat consistoit , ainsi
qu'ó l'a déja dit, dans ceux qui ruinent
ses terres & le commerce , par consequent le Roi & ses Peuples ; mais
comme c'est justement le contraire, &
que la Nation que l'on combat est la
plus grande ennemie du Royaume, on
doit regarder avec horreur les éfroyables allégations , que l'on veut renverser l'Etat , lorsqu'on parle de faire
cesser la plus grande desolation qui fut
jamais,.

On demeure d'accord que l'on procure un grand loisir à Messieurs les

Miniſtres & au Conſeil des Finances;
qui eſt néanmoins le ſort de tous les
Gouvernemens du monde , & même
de la France durant onze cens ans ,
juſqu'à la mort de François I. puiſque
ces Meſſieurs aujourd'hui ne ſont
occupez depuis le matin juſqu'au ſoir
qu'à diriger & combatre des Monſtres
qu'on n'a jamais dû établir ; bien que
cela ſe faſſe avec la derniére integrité
de leur part, il s'en faut beaucoup que
ce ſoit la même choſe dans le ſous-or-
dre & les ſecondes mains en un nombre infini de notorieté publique , n'I
ayant point de parti pour quelque
borné qu'il ſoit , qui ne forme des
profits indirects à plus de cent perſonnes, leſquelles ſans être Traitans ,
joignent leur voix , pour dire qu'on
veut renverſer l'Etat.

Comme les maux ſe guériſſent par
le contraire, de ce qui les avoit pro-
duits, à meſure que le Roi aura beſoin
de ſecours , il n'aura qu'à uſer envers
ſes Peuples , comme ce Propriétaire
de Ferme à l'égard de ſon Fermier,
qui hauſſe de ſon conſentement le fermage , en lui augmentant ſon terroir,

le Roi peut en toute seureté dire à ses
Peuples , vous me payerez tant de
hausse de Taille & de Capitation ,
parce que je vous supprime tel & tel
parti qui vous coûtoit dix fois davantage , ainsi vous gagnerez quatre fois
plus que moi à ce marché.

Mais on ne prendra pas ce parti,
tant que l'on consultera la Nation
dont on vient de parler , à qui la destruction du Royaume seroit bien
moins sensible que celle de leur fortune , comme cela s'est verifié toutes les
fois que le cas est arrivé.

Mais comme ce n'est pas l'espece de
Messieurs les Ministres qui sont tres-
integres , quoique tres-surpris , on en
espere du succés dans une occasion où
cette maniére est d'une necessité indispensable, n'i en ayant point absolumét
d'autre pour sortir de l'état present.

D'autant plus que l'on fait une espece de transaction avec les destructeurs du Royaume en les priant seulement de quelques adoucissemens qui
rétabliront sur le champ assez de facultez aux Peuples , avec profit de leur
part , pour fournir les quatre-vingt

millions de hauſſe dont le Roi a beſoin, & ſera une preuve certaine que
la deſtruction du total, qui ſera bien
plus aisée que n'a jamais été leur établiſſement, mettra le Roiaume en état
de donner au Roi trois cens millions,
comme du tems du Roi François I.

L'erreur où l'on a été juſqu'ici à l'é-
gard de l'Argent, le regardant comme le principe de richeſſe, ce qui n'eſt
qu'au Perou, ne peut être alleguée
aprés la lecture du Chapitre qu'on en
a fait, où l'on montre qu'il eſt uniquement l'eſclave de la conſommation, ſuivant pas à pas ſa deſtinée, &
marchant ou s'arrêtant avec elle, un
Ecu faiſant cent mains en une journée,
lorſqu'il y a beaucoup de vente & de
revente, & demeurant des mois entiers
en un ſeul endroit, lorſque la conſommation eſt ruinée, comme il arrive tous les jours, & dont on a tant
parlé dans ces Memoires; en ſorte
qu'étant poſſible de rétablir de cette
conſommation pour plus de cinq cens
millions en un inſtant, ce ſera autant
de marche d'Argent, & non point de
nouvelles Eſpeces remiſes ſur les

pied , par où le prétendu ridicule d'u-
ne hauffe fi fubite de revenus , eft
amplement purgé & rejetté entierement fur les contredifans, qui ne pou-
ront pas tenir , lorfque l'autorité, par
la furprife qu'ils caufent à Meffieurs
les Miniftres , leur manquera , leurs
manieres s'étant uniquement foûtenuës
comme l'Alcoran qui porte en tête ,
défenfe de difputer contre , & que
quiconque entreprendra de le faire ,
foit auffi-tôt empalé : En tout ceci on
n'a été que l'organe ou l'Avocat des
Peuples ; & on craint fi peu d'en être
defavoüé , que l'on fe foûmet d'apporter la fignature de cent mille hommes , ayant tous chacun dix mille
écus de bien l'un portant l'autre:C'eft
donc un marché fans peur & fans peril , qui ne peut être refufé que par
ceux dont on a parlé.

Et pour finir, comme on avoit marqué par Titre , on maintient qu'il n'i
a point d'homme fur la terre qui puiffe faire une objection , fous quelque
prétexte que ce foit , à la levée de
quatre-vingt millions, qui ne fera que
la cinquiéme partie de ce qu'on aura
rétabli

rétabli par trois heures de travail au
Peuple fans un ridicule achevé , &
être en horreur à Dieu & aux hommes,
pendant que cette propofition eft com-
blée de benedictions.

Comme auffi , on maintient qu'il eft
pareillement impoffible d'établir d'une
autre façon le quart de la fourniture
des befoins du Roi dans la conjoncture prefente , & qu'il n'y a perfonne
au monde qui voulût être garand de la
réüffite de la moindre partie; ce qu'on
a dit plufieurs fois ; par où l'on peut
voir avec quel fondement on peut rejetter le parti qu'on offre , pour tabler
fur une autre fi dépourvû de certitude, dans une occafion où il ne fe faut
pas méprendre.

Enfin l'Auteur de ces Mémoires les
prefente au Public à une condition ,
qu'ils ne lui feront point enviez par
les Contredifans, favoir celle qui étoit
pratiquée par les Athéniens. Ces
Peuples avoient établi que tout porteur de nouveaux Reglemens feroit
tranquillement écouté, quel qu'il fût,
mais qu'il faloit commencer par avoir
une corde au col ; afin que fi l'execu-

tion , loin de se trouver avantageu-
se , se trouvoit dommageable à l'Etat,
l'Auteur fût aussi-tôt étranglé sans
quartier.

Si la France en avoit usé de la sorte , il y a cent cinquante ans, lorsque
les Italiens jetterent la premiere semence des maniéres qui l'ont réduite
en l'état où elle se trouve aujourd'hui;
le Roi auroit constamment deux cens
millions de Revenu réglé plus qu'il
n'a , & ne devroit pas un sol , parce
qu'il y auroit deux cens mille Edits
ou Déclarations & dix mille genres
d'Impôts de moins, toutes venuës depuis ce tems : Le sort porté par les
Loix des Atheniens arrivé au premier
Inventeur avec Justice , auroit tari
tout-à-fait la source de pareilles démarches.

Mais loin de cette destinée il y a eu
deux cens mille Fortunes obtenuës par
où il n'échéoit qu'une Corde à Athe-
ne, ce qui a produit au Gouvernement
un sort tout contraire ; sa destruction,
loin d'avoir cette sauve-garde , elle a
été érigée en plus court moyen de se
procurer la plus haute opulence'

Son Commerce & la culture des Terres ayant été entierement detruits par ces Porteurs de Nouveautez , y ayant conftamment plus de la moitié du Royaume entiérement inutile au Peuple , & par confequent au Prince ; fans parler de la deftruction des Sujets & de la fecondité des Familles, dont la defolation eft une fuite néceffaire de celle des Terres.

Et pour faire voir par un paralelle ce que pourroit la France , fi elle n'avoit pas été en quelque façon enrayée par ces maniéres.

La Judée n'a jamais contenu du tems de la plus grande opulence de fes Rois que foixante & dix licües de long fur vingt cinq de large, c'eft à-dire dix fois moins de continent que la France , cependant fes Monarques mettoient des Armées , au raport de l'Ecriture Sainte , de feize cens foixante & dix mille hommes ; Et comme les gens propres à porter les Arme font pas la cinquiéme partie des Créatures d'une Contrée, les Vieillards , les indifpofez dans leur corps, les Femmes & les Enfans formans au moins les quatre autres, c'est prés de neuf millions de Créatures que cette Contrée contenoit & nourrissoit ; c'est-à-dire, sur le pied de cent millions en France, qui pourroient y subsister, si les circonstances étoient égales.

Et il ne faut point faire de reprise sur la fecondité de la Judée, qui n'étoit autre chose que le nombre & le travail de ses Habitans, puisqu'aujourd'hui que les choses ont bien changé, n'y ayant pas cent mil Ames en tout dans cette Contrée par les ravages qu'elle a soufferts, le Terroir y paroit naturellement très-mauvais, & même presque par tout cailloueux : sa fertilité vantée dans l'Ecriture n'étant que l'effet de ce nombre & de ce travail, ainsi que l'habitation commode des Barbets dans les Alpes.

On a fait cette Reprise pour montrer la possibilité où étoit la France de fournir au Roi François I. sur le pied de trois cens millions de rente, n'ayant point les entraves qu'elle a soufertes depuis, & qui l'ont énervée de plus de la moitié ; Et qui est une garantie certaine pareillement de la facilité qu'elle aura de se rétablir dans son état naturel, lorsque les causes violentes qui la réduisent en ce pitoïable état seront cessées, comme cela se peut en un moment en cette occasion, comme dans toutes les autres où la Nature soufre violence, suivant le Principe des Philosophes, que tout ce qui est violent ne peut durer : Ce qui forme une espece de certitude de voir bien-tôt rétablir le Royaume, les maux comme les biens ayans leur periode & leur durée, aprés lequel expiré il faut une revolution qui remette les choses au premier état, sur tout les biens. Et les cœurs des Peuples étans également disposez à toûjours également bien faire, au moment que l'on les mettre en pouvoir d'en donner des marques & des effets de l'un & de l'autre ; & dont il semble que l'on aye pris le contre-pied depuis trés-long-tems.

MEMOIRE.

Qui fait voir en abregé, que plus les Bleds sont à vil prix, plus les Pauvres sont miserables, ainsi que les Riches, qui seuls les font subsister ; & que plus il sort de Grains du Royaume, & plus on se garantit d'une Cherté extraordinaire.

ON a vécu en France depuis quarante ans dans une si grande erreur à l'égard des Bleds, tant par rapport au Corps de l'Etat ; c'est-à-dire les revenus ordinaires, dont ils sont la plus considerable partie, qu'à l'égard de la nouriture particuliere de la plûpart des Sujets, que l'on peut aſſûrer ſans exageration, que cette ſeule mépriſe coûte au Royaume plus de deux cens millions de rente, & la vie à plus de dix millions de Créatures, péries autant par le grand aviliſſement des Grains, que par l'extrême cherté, l'un & l'autre étans également déſolans; quoi que ce ſoit ce qu'on penſe le moins du premier, ſans faire reflexion que le manque de beſoins fait autant mourir de monde, ſur tout dans les maladies, que le manque de pain en pleine ſanté, ce qui eſt inſéparable de l'aviliſſement des Grains, qui ruine tous les revenus, tant des fonds que d'induſtrie.

On a regardé cette Denrée primitive, comme un preſent gratuit de la Nature, ainſi que les truffes & champignons, de maniere que toutes les années ne ſe rencontrant pas d'une égale fecondité ou liberalité; ce qui met une neceſſité de compenſation entr'elles, pour éviter les finiſtres effets de la ſterilité : On a crû, dis-je, que c'étoit un moyen certain de s'en ga-

tantir , d'empêcher presque en tout
tems la sortie des Bleds, & même dans
la plus grande abondance , de ne la
permettre qu'avec un impôt ; tout
comme on a pensé , qu'afin que le
pauvre & le mediocre puffent subsister, il faloit que les Grains fussent
toûjours à grand marché , pendant
que c'est justement le contraire , &
que ces deux interêts sont également
bleffez par cette conduite ; c'est à dire , que le pauvre périt par l'avilissement du prix des Bleds , & l'extrême
sterilité ou cherté est inevitable de
tems en tems s'il n'y a une continuelle permission d'enlevement hors le
Royaume, excepté les temps de cherté extraordinaire , qui portent même
leur défense avec eux : Ce qu'on va
faire voir en peu de mots d'une façon
si invincible , que malgré la préven-
tion , on ne craint point de repartie
qui aye seulement apparence du sens
commun.

La terre en France ne donne point les Bleds, mais les vend en la plûpart des lieux trés-cherement ; & s'il y a quantité de Contrées entiérement stériles & non cultivées, c'est que le Païs n'a pas moïen de païer la récolte par les frais qu'il faudroit pour l'aprofitement, parce que la dépense excederoit le prix de la marchandise.

Ce n'est pas tout-à-fait de même par tout ailleurs, on prétend qu'en Egypte, aprés que le Nil est retiré, on n'a qu'à jetter la semence sur la vase, & qu'elle vient en perfection sans labour & sans engrais. Tout comme en Moscovie, la nége étant fonduë au mois de Juin, un simple labour sur un terroir trés tendre, sans plus grands frais, produit une récolte fort abondante en deux mois de tems.

On peut concevoir par l'article precedent que les terres ne sont pas d'une égale cherté ; & que comme

Sans parler du prix du Maitre, qui ne faisant pas ordinairement valoit son fonds, mais le donne a profiter à un Fermier, il y en a trés peu qui ne vende sa levée à celui qui cultive au moins vingt-frâes presque toûjours ving-six ou vingt-sept par arpent, & quantité jusqu'à trente ou trente-cinq, qu'il faut payer à cette terre, ou il demande son congé, ou plutot on est obligé de le lui donner.

il y en a que l'on abandonne, parce que les fruits en font hors de prix, il s'en trouve de beaucoup plus raisonnables, qui ne vendent leur rapport qu'une somme que l'on est presque toûjours en état de leur payer; mais comme ce font les meilleures, qui ne font pas à beaucoup prés le plus grand nombre, on voit la necessité qu'il y a de ménager les autres, puisque sans leur secours, ces premieres ne pourroient pas à beaucoup prés faire subsister le Royaume.

C'est si bien ce prix ignoré qui mene tout, qu'il ne seroit pas na-

Il faut donc necessairement descendre dans le détail du prix qu'elles vendent leurs levées ou leurs ré-coltes, ou leurs marchandises; à quoi on n'a jamais fait de réflexion en France, & on a toûjours agi cõme si cette Denrée étoit de la nature des truffes, & qu'elle ne coûtât rien; quoiqu'on vienne de marquer en gros à peu prés le taux qu'elles y mettent, qui hausse à mesure des autres choses. Il est donc à propos d'en faire un détail particulier.

turellement im-possible de faire porter une récolte aussi abondante aux montagnes & aux terres les plus cailloüeuses, que l'on voit dans les terroirs les plus féconds, si les frais d'engrais qu'il faudroit faire pour y parvenir n'excedoiét beaucoup le prix des levées; quoique les maures chassez d'Espagne offrirent, si on les vouloit recevoir en France, de l'exe-cuter à l'égard des

Landes de Bordeaux & de la Crau de Provence, & que les Barbets mêmes l'ayent fait dans les Alpes.

A prendre tou-tes les terres l'une

En 1530. & 1540. le Bled ne

fe vendant le fe-
ptier de Paris que
vingt-fols , qui
vaut aujourd'hui
par année com-
mune quinze
francs,[tout étant
ruiné quand il eft
beaucoup au def-
fous, tant pauvres
que riches;]tou-
tes les terres
étoient néámoins
exploitées avec
profit par les La-
boureurs ; parce
que ce bas prix
de la Marchandi-
fe étoit le même,
& au niveau des
frais qu'il faloit
débourfer pour
l'aprofitement, &
il n'y a que cette
difparité aujour-
d'hui qui gâte
tout ; quoique
les pauvres ne le

portant l'autre à
fix francs l'arpent
de fermage, y en
ayant beaucoup
plus au deffous
qu'au deffus : Il
faut d'abord qua-
tre labours , que
l'on paye cinquan-
te fols chacun ;
ainfi dix livres: Il
faut pareillement
un feptier de Pa-
ris pour la femen-
ce ; ainfi huit li-
vres : Au moins
dix chariées de fu-
mier a vingt fols
chaçune , par ré-
partition l'une por-
tant l'autre de
chaque année,puif.
qu'il en faut plus
de trente dans cel-
le de l'engrais :
trois livres pour
moiffonner ; &
douze livres pour
le

Maître, parce que la terre de deux années en a une de repos qu'il faut également payer, tout va à quarante cinq livres. Or quand la recolte donne quatre septiers, elle passe pour excelente, ce qui arrive très-peu: Cependant le Bled étant à huit livres le septier dans les Provinces, c'est-à-dire dix francs à Paris, il faut que le Maître ou le Fermier fasse banqueroute, comme font tous ceux qui ne peuvent vendre leurs Marchandises qu'à perte.

Il faut donc, afin que tout le monde soit riche, ou plûtot que chacun vive, que toutes les terres, tant bonnes que mauvaises, soient labourées autant qu'elles le peuvent être, sans veulent pas comprendre, & même des gens bien plus éclairez qu'eux, qui n'étant point Laboureurs, jugent encore des Bleds comme des Champignons sauvages.

Toutes les Professions du roïaume, quelles qu'elles soient ont autant d'interest à l'aprofitement d'une Ferme que le Maitre, quoique c'est ce qu'elles comprennent le moins

T

Or comme un Maitre ou Proprietaire est dans la derniere desola-
tion , quand il voit , que bien qu'il achete lui-
même , le Bled est *y épargner aucuns frais , lesquels mé-
nent la recolte, étât plus ou moins bon-
ne à proportion que l'on y a fait de la dépense.*

à un prix auquel son Fermier ne le peut payer, toutes les autres Professions doivent entrer dans les mêmes intérêts & faire le même raisonnement.
Le Laboureur ne cultive donc point la terre pour lui seul , mais pour toutes les Professions quelles qu'elles so-ient , & elles participent au sol la livre à sa destinée , quoi qu'elles n'as-pirent toutes qu'à sa ruine , & par
conséquent à la leur propre , en sou-haitant & voulant acheter les Grains
beaucoup moinsqu'ils ne coutent à les faire venir.

Ce qu'il y a d'é-froyable est , que lorsque l'Artisan & l'Ouvrier sou-
haitent le Bled à *Or cela ne peut être , tant que la Marchandise , ne
peut porter ses frais , dont le der-*

nier est le païement du Maître, la Taille ou autres Impots, qui vont pour le moins à trente ou quarante sols par arpent, & que l'on avoit oubliez dans les quarante-cinq livres, marchent encore devant : Ainsi ce Maître étant demeuré en arriére, le malheur se répand non seulement sur lui, mais sur toutes les Professions à qui il eut fait part de sa recette, ne la percevant qu'à cette intention ; comme elles de leur côté n'ont ni maintien ni opulence, que ce qui leur vient de cette part, ainsi il faut qu'el-

bon marché, ils desirent leur ruine, attendu que c'est l'avilissement qui les fait perir, & non le grand prix lorsqu'il n'est pas excessif, ce qui n'entre point dans le raisonnement. En éfet, l'homme de journée n'est pas miseble, parce qu'il lui faut pour cinq ou six deniers de pain plus qu'à l'ordinaire, & même un sol, n'étant question que de cette somme, mais parce qu'il ne trouve point de travail ; ce qui est une suite nécessaire du bas prix du Bled, qui met les Propriétaires des

fondshors de pou-
voir de donner de
l'emploi à presque
toutes fortes de
gens.

Ce Peuple qui
raisonne comme
une bête , ga-
gnant bien sa vie,
le Bled étant à
bon prix (par la
raison qu'on a
marquée) loin de
songer qu'il en a
obligation à ce
prix , est assez stu-
pide pour s'en
plaindre, & croire
que l'on puisse
voir deux contrai-
res : Savoir , que
les Maîtres des
fonds les puissent
faire travailler ,
n'étans point pa-
yez de leurs Fer-
miers ; & le mal
est , qu'ils inspi-

les périssent lorf-
que ce fond vient
à leur manquer.

Que l'on fasse
une paralelle de
l'état du Peuple à
Paris en 1699.
que le Bled valoit
dix-sept ou dix-
huit livres le fe-
ptier, & en 1706.
où il ne vaut pas
la moitié, l'on ver-
ra une très-grande
différence d'opu-
lence ; les Feüilles
des Quêtes des
Commis des Aydes,
& les Registres
des Marchands
font foi qu'il y
avoit plus de la
moitié de differen-
ce ; c'étoit la même
chose dans les Pro-
vinces ; cette fitua-

tion étant solidaire à l'égard de tout l'Etat, sur tout dans les Contrées limitrophes de Paris & il y a eu trois fois plus de banqueroutes à Paris & ailleurs depuis trois ans, qu'il ne s'en étoit fait dans ce tems de prétendue cherté.

Tout le mal entendu de ceci vient de ce que les Bleds ayant de violentes revolutions tous les quatre ou cinq ans, tantôt de cherté, tantot d'avilissement. Dans le premier cas, comme toutes sortes de terres se peuvent labourer avec profit, les

rent ces sentimens aux personnes en place, qui n'étant point Laboureurs, n'entendent pas ce détail, seulement connu aux gens de cette profession, qui ne sont point en état d'en écrire, encore moins de se faire écouter

Ainsi il faut à quelque prix que ce soit maintenir le prix une fois contracté par les Bleds, quand il n'est pas de la derniere violence, non seulement par rapport à son excroissance, qui cesse en plusieurs endroits, par les raisons marquées à côté, mais même par le rengrége-ment de milere que cela caufe aux Proprietaires des fonds, attendu que toutes chofes hauffent également dans les an-nées de cherté, puis les Grains baiffant, toutes fortes d'Ouvriers ne veulent point fuivre ce fort, & aiment mieux ne rien faire, ce qui eft la ruine gene-rale de l'Etat.

Fermiers n'y épar-gnent rien; ce qui mettant la preffe aux Gens de jour-née, ils rencherif-fent le prix de leur travail, ce qu'on leur accorde, parce qu'il y a encore à gagner; puis quãd la chance vient à tourner par l'avi-liffement, ils ne veulent point baif-fer, ce qui fait tout le malheur dont on vient de parler, & ce qui diminuant les frais

& les foins des labeurs, rend les recol-tes moins abondantes, & caufent in-failliblement la cherté extraordinaire dans les années qui fe rencontrent-fte-riles.

C'étoit à peu prés dix ou onze francs le feptier à

On ne trouva point étrange en 1600. que les

Grains euſſent tri-
plé de prix de ce
qu'ils étoient cin-
quante ans aupa-
ravant, parce que
les ſouliers, & le
reſte à proportion,
qui ne valoient que
cinq ſols en 1550.
étoient vendus en
1600. quinze ſols,
tout comme le Bled
ayant pareillement
triplé de prix en
1650. les ſouliers

Paris, & dans les
Provinces à pro-
portion, & au-
jourd'hui en 1707
que les ſouliers
valent cinq livres,
& le reſte de mé-
me ; on veut que
le Bled ne ſoit
vendu que le mé-
me prix, bien qu'à
proportion il dût
être à vingt deux
livres.

firent de même & furent vendus quarante-cinq, & cinquante ſols.

Cette gradation
étoit l'éfet de la
liberté d'enléve-
ment & de tranſ-
port, dont jouïſſoit
cette Denrée, l'œ-
conomie de ces pro-
portions de hauſſe
étant uniquement
l'affaire de la na-

Cette Denrée
étant extreme-
ment delicate, la
moindre choſe
peut faire pancher
la balance du côté
que l'on veut :
Ainſi Meſſieurs les
Miniſtres ſont
abſolument maî-

tres du prix, puif-qu'un leger enle-vement hors le Royaume l'a fait confiderablement haufer, fans que cela puiffe au-cunement inte-ture , & l'inter-vention d'une au-torité fupérieure, ne peut s'en mêler fans tout gater comme il arrive au-jourd'hui.

reffer la nourriture des Peuples, qui eft fa fonction la plus néceffaire, n'é-rant pas une once de pain fur une fourniture de cent livres , outre que cela fait labourer les mauvaifes terres, & rend par confequent deux ou trois mil pour un.

Cette doctrine ou cét intereft eft fort bien conçû par l'Angleterre & la Hollande, où le Peuple a la prin-cipale part au Gouvernement car quoi que le terroir n'i foit pas du degré de fe-condité qu'il eft Ce qu'il y a d'étonnant eft que ces perfonnes , lefquelles manque de connoiffance , s'allarment de voir un moindre enléve-ment de Grains au dehors, comme de deux ou trois cens muids , qui fuffi-roient à mettre un prix pour en faire croître mille fois davantage dans le Royaume, ce qui est constant en fait, ne s'étonnent point d'appercevoir quantité de terres délaissées, parce que la recolte ne pourroit pas payer les frais; d'autres sans nul engrais ni fumier, par les mêmes raisons, & enfin de voir prodiguer les Grains dans leur aviliffement, comme il arrive tous les jours, à la nourriture des beftiaux & confections des Manufactures; favoir, Bieres, Amidons & autres, ce qui en abime, encore en France, fur tout dans la derniere, où il ne croit pas la dixiéme partie des Grains de ce que le Pais confume; cependant l'enlevement y eft permis géneralement en tout tems, & même en ceux de cherté. Et l'Angleterre rencherit fur cette conduite; puifque dans le tems d'abondance le fifc donne de l'argent à pur profit à ceux qui font fortir les Grains dehors, fachant que c'eft une femence qui rapporte plus qu'au centuple, par les raifons marquées.

une fois , mille fois plus qu'un leger
enlevement qui auroit conjuré ces malheurs : Bien que le transport hors de
France eût été defendu de tout tems ,
cela n'étoit point observé jusqu'en 1660
que l'on y aporta la derniere rigueur; &
l'on voit une Lettre de Monsieur de
Sully du Roi Henri IV. par laquelle il
lui mande d'arrêter le Parlement de
Toulouse , qui empêchoit cet enlevemens, lui marquant que sans cela il
ne faloit point attendre d'argent des
Recettes.

SENTENCE

*Du Chatelet de Paris,
qui fixe le prix du
Pain.*

Du sixiéme May 1649.

DE PAR LE ROY.

*Et Monsieur le Prevost
de Paris, ou son Lieu-
tenant Civil.*

SUR ce qui nous a été remontré
par le Procureur du Roy, qu'il
est arrivé quantité de Bled & Farine
en cette Ville de Paris, par la Riviere, & que le Bled Froment se donne

aux Boulangers à quinze livres le meilleur, le Méteil à douze livres & le Ségle à neuf, qui sont *prix médiocres*, & sur lesquels il est nécessaire d'apporter une modération à la vente du Pain, à proportion & eu égard audit prix; & à cette fin, que le Pain soit distribué au poids, pour connoître lequel les Boulangers de gros & petit Pain seront tenus de mettre leur marque, & le nombre de livres qu'il pesera cuit & bien façonné. NOUS, ayant égard à ladite Remontrance, Ordonnons que les Boulangers tant de gros que de petit Pain, ne pourront vendre le Pain provenant des Bleds conduits par la Riviere : Sçavoir, le gros Pain le plus blanc, qu'à raison de deux sols la livre; le Pain bis-blanc dix-huit deniers la livre; & le Pain des Pauvres un sol la livre : Sur lesquels Pains leur enjoignons de mettre leur marque & le Poids. Défenses à eux de contrevenir à nôtre presente Ordonnance, à peine de quatre cens livres d'amende, & de punition corporelle s'il y échet. Enjoignons au surplus aux Boulangers de

de petit Pain , de garder & obſerver
l'Ordonnance , ſur les mêmes peines.
Enjoint aux Commiſſaires du Châtelet d'y tenir la main , & de nous faire
raport par chacun jour des contraven-
tions à la preſente Ordonnauce. FAIT
par Nous Meſſire DREUX DAUBRAY
Conſeiller du Roi , Lieutenant Civil
au Châtelet de Paris , le ſixiéme
jour de Mars 1649.

Signé, DAUBRAY & BONNEAU.
HUBERT Gréfier.

*Le Samedi ſixiéme jour de Mars
1649. l'Ordonnance cy-deſſus a été lûë
& publiée par moi Jean Joſſier , Juré
Crieur ordinaire du Roi en la Ville,
Prevôté & Vicomté de Paris , par les
Carrefours ordinaires & lieux accou-
tumez de cette Ville & Fauxbourgs. A
ce faire j'avois trois Trompettes , Jean
du Bos, Jacques le Frain , & un autre
Commis de Didier Ordin , dit Champagne , Jurez Trompettes. Signé,*
JOSSIER.

IL est à remarquer que les mêmes personnes qui déclaroient le prix du Bled médiocre étant à quinze francs le septier à Paris, l'avoient vû quarante ans auparavant à prix coûrant à moins de cent sols, c'est-à-dire le tiers.

Mais ils parloient de la sorte, sachant bien que cette Denrée ainsi que toutes les autres, & sur tout l'Argent, n'ont point un prix absolu, mais relatif à tout le reste ; de maniére que les crûës d'argent dans l'Europe, ayant fait pareillement tripler toutes choses, ils laissoient joüir tranquilement les Grains de leur cote-part, pour maintenir l'harmonie & les proportions dans le Commerce, ce qui forme seul l'opulence.

De façon que sous le Regne du Roi François I. le Bled étoit à vingt sols le septier sans rien déconcerter, comme l'on a montré dans ce Mémoire, & est à present à cent francs aux Isles de l'Amerique, avec la même justice.

Toutefois aujourd'hui que toutes

les autres Denrées , sur tout les journées d'Ouvriers & gages de Valets ,
tant des Villes que de la Campagne,
ont au moins augmenté de moitié depuis 1649. en sorte que les Bleds devroient valoir vings-deux livres dix
sols le sept'er à Paris , pour conserver ce nivau ou ce principe d'opulence , on n'a eu ny repos ni patience,
non seulement pour leur dénier cette
justice , mais même pour leur faire
perdre celle qu'on leur avoit faite dans
les tems précedens, & l'on a fait con-
sister les héroysme à les avoir réduits
à moins de dix francs le septier la tête de Bled à Paris ; ce qui forme presque seul la miséré publique , & coûte
plus au Royaume quatre fois que la
guerre presente , sans parler de l'abandon de la plûpart des terres de dificile
aprofitement , & de prodigalité des
Grains à des usages étrangers , ce qui
menace d'un fâcheux contre-coup à la
premiere année stérile , ainsi qu'on
a montré.

Mais comme tout ce méconte n'est
que la suite d'une violence faite à la
nature par un zéle aveugle & mal fon-

dé, ła simple reconnoiffance de la verité peut tout rétablir en un {moment,
& par conféquent l'opulence publique : n'étant pas queftion d'agir , mais
feulement de ceffer d'agir ; ce qui n'é-
xige qu'un inftant.

Caufes de la rareté de l'Argent, & éclairciffement des mauvais raifonnemens du Public à cet égard.

LA rareté & cherté que l'on voit aujourdhuy des Efpéces d'Or & d'Argent, font moins furprenantes que les raifons que l'on en alegue lefquelles étant entiérement fauffes, font caufe que bien loin d'ufer de juftes demarches pour arrêter le mal, on prend entiérement le contre-pié ; & la difficulté de recouvrer ces métaux, donne occafion de redoubler les maniéres qui le font difparoître & fequeftrer du Commerce, comme on peut dire qu'il arrive tous les jours.

L'erreur vient de ce que par un aveuglement éfroyable on regarde en France ce Métail comme un principe de richeffe, & fruits du Païs, ainfi

qu'il eft au Pérou, où prenant naiffance, il n'y croît aucune denrées : au lieu
que la France les produifant toutes, il
n'eft que le lien du Trafic & le gage
de la tradition mutuelle, lorfqu'à
caufe de leur multiplicité elle ne fe
peut pas faire immédiatement comme
dans l'enfance du monde, dans lequel
tous les befoins de la vie fe réduifant
à trois ou quatre Profeffions, & toutes
les Conditions étant prefqu'égales, le
commerce s'en faifoit de main à main,
fans ce miniftére de gages ny d'apré-
ciations, ainfi qu'à prefent,

En éfet, homme qui a dix mille
livres de rente en terres, n'eft point
un Sujet fur les fonds duquel il croiffe
dix mille francs d'argent, mais bien
pour la valeur ou l'équivalent de dix
mille livres de Bleds ; de même d'un
Propriétaire de Vignes ou d'une Foreft
Or comme chacun de ces Particuliers
ne peut ni confommer pour fon ufage
perfonnel pour dix mille livres de
chacune de ces Denrées, ni fe paffer
des autres befoins de la vie, qui font
en bien plus grand nombre ; il faut
que chaque poffeffeur de ces biens

finguliers en échange l'excédent par parcelles avec ſes voiſins , qui ſe trouvent dans la même ſituation à l'égard des autres. Et comme encore une fois ce commerce ne ſe peut faire immédiatement à cauſe de la grande diverſité ; l'Argent , par un conſentement commun , devient le garand de la livraiſon future de la choſe que le premier vendeur a intention de ſe procurer , lorſque celui avec qui il contracte n'en eſt pas actuellement marchand , comme il arrive preſque toûjours.

Un Laboureur qui vend du Blé à un Marchand de Brocard , ne peut pas prendre de cette Denrée en échange , n'étant point de ſon uſage ? mais il reçoit de l'argent qu'il donne à un Ouvrier de Souliers ou de gros Drap, leſquels tenant leur maiſon à loyer d'un grand Seigneur, ils luy remettent cet argent du Laboureur reçû du Marchand de Brocard , qui lui eſt reſtitué ou compenſé par ce Propriétaire de maiſon , qui reçoit en contr'échange ce Brocard , ſuivant l'intention des deux premiers contractans.

& cette circulation eſt toûjours la même, quand le tout n'auroit été éfectué qu'aprés le paſſage de deux cens mains ou Profeſſions qui compoſent aujourd'huy la France, comme il eſt même néceſſaire que cela ſoit pour leur commun maintien, ayant toutes une ſolidité d'Intéreſt entr'elles qui fait que le dépériſſement de l'une attire auſſitôt celuy de l'autre, quoy qu'on peut dire, que par une corruption éfroyable, il n'y en a pas une qui ne travaille depuis le matin juſques au ſoir à ſe détruire réciproquement, & qui ne voulût vendre ſa Marchandiſe trois fois plus qu'elle ne luy revient, & avoir celle de ſon voiſin pour trois fois moins qu'elle ne luy coûte à établir.

Il réſulte de tout cecy, que dans l'état d'opulence & de fourniture entiére à tous les hommes de leurs beſoins, l'Argent n'en eſt rien moins que le principe, mais ſeulement le garand de ces échanges, & de la fidéle exécution de l'intention des contractans, quand elle ne ſe peut éfectuer immédiatement.

Il y a même plus , dans les conjonctures de richeſſe & que toutes choſes ſont en valeur , non ſeulement l'Argent n'eſt point le principe de l'opulence , mais même il eſt diſpenſé de la plûpart de ces fonctions de garantie : comme il n'y a que les pauvres qui ayent beſoin de caution , & une infinité de Particuliers étans riches à proportion de leur état, leur Billet vaut d'Argent , & maintient cette circulation & cette échange continuelle que les Eſpéces faiſoient auparavant , avec même plus de facilité & d'agrément , par la commodité du transport aiſé que cette ſorte de Monnoye a pardevers elle, & une aſſurance contre les enlévemens violens : C'eſt de cette maniere que les Foires de Lyon ſont menées , lesquelles conſiſtant en plus de quatre-vingt milions de payemens par an , Il n'y en a pas un en argent comptant, tout ſe faiſant par Billets, lesquels aprés une infinité de mains , retombent toûjours au premier Tireur , où il n'échet qu'une compenſation.

C'eſt alors que l'on dit ridicule-

ment que tout abonde d'argent , parce
que cette matiére si précieuse dans les
temps de disette , devient absolument
à rebut dans ceux d'abondance , la
garde en étant tout à fait infructueuse,
au contraire des autres Denrées , sur
lesquelles on peut faire sa fortune , &
étant réduite à n'avoir dusage que
chez le menu Peuple , qui trouve
extrêmement son compte dans cette
situation , il n'i repose jamais un
moment , mais voltige toûjours ; un
même Ecu passant par cent mains en
une journée , fait estimer autant
d'argent nouveau , ce qui n'est qu'une
seule Espéce

Dans cette situation, l'Argent étant
presqu'inutile dans le Commerce , le
gros se faisant entiérement avec des
Billets par la solvabilité des Contractans , & le menu presqu'à crédit ?
tous les Ouvriers par la valeur soûte-
nuë de leurs Denrées réciproques ,
n'ayant pas besoin d'autre garand que
les Denrées mêmes , & l'Argent n'i
aiant point d'autres fonctions que de
servir de caution à leur défaut, il reste
encore une fois presque par tout in-

utile, ce qui le fait détourner en des usages étrangers; sçavoir à la magnificence, où l'Orfévre tient le premier lieu, ensuite à des Manufactures, & des embellissemens des Temples & des Maisons ce qui joint à la consommation des Marchandises Orientales, que l'on ne peut recouvrer qu'avec le transport des Espéces, en des Païs d'où elles ne reviennent jamais, en absorbe beaucoup davantage que toutes celles que l'on suppose être passées en Italie & en Allemagne ces années derniéres. Or la conjoncture de disette de ce Métail, telle qu'elle est aujourd'huy, non seulement arrête ces détours, mais même fait restituer au Commerce tout ce qui est possible, ou qui n'est pas entiérement anéanti; en sorte que, tout compensé, cela égale au moins ces prétendus transports hors le Royaume à cause de la Guerre.

Voilà l'état où étoit la France en 1660. que l'Argent se trouvoit trés-commun & trés-à rebut, quoiqu'il en existât constamment beaucoup moins qu'il ne peut y en avoir à pre-

fent, par raport aux réformes de 1642
1689. & 1694. & cette Denrée étoit
fi peu l'unique bien comme aujour-
d'huy , que l'on préféroit prefque par
toutes les Provinces un morceau de
Parchemin ou les Provifions d'une
Charge de Robe fans nul revenu à
cens facs de mille francs , & l'on
vouloit en avoir davantage ; & à
prefent , cet Efet ou ce Parchemin ,
préféré à cent mille francs , n'a pas
cet avantage fur trente piftoles , &
l'on aime mieux cette modique fomme , par une ceffation de Polette
commencée , que de s'affurer une
chofe autrefois fi précieufe , & prefentement fi fragile : Dira t'on que c'eft
manque d'argent , & que c'eft qu'il y
en a trois cens fois moins , ainfi qu'il
feroit néceffaire d'alléguer à prefent ,
qu'il ne s'en trouvoit en 1660. Comme cela feroit ridicule à énoncer , &
que tous les autres Efets ont reçû à
peu prés le même fort , les uns plus ,
les autres moins ; il eft à propos d'en
circonftancier la caufe , quoy qu'elle
faute aux yeux de tout le monde.

On a dit que la richeffe confiftant
dans

dans la poſſeſſion de tous les beſoins de la vie, ce qui ne pouvant être ſans le miniſtére d'une infinité d'Ouvriers, il faut qu'ils ſoient dans un commerce perpétuel, pour ſe ſoûtenir réciproquement par une échange continuelle, le maintien ou la deſtruction de chaque Denrée en particulier, devenant auſſi tôt ſolidaire à tout le corps.

Ce ſont les fruits de la terre qui commencent ce mouvement ; ſçavoir, les Bleds & les Vignes : Et c'eſt à l'aide de l'excédent de ces deux Denrées, que les Propriétaires des fonds ſe procurent tout le ſurplus, dont la fabrique ſont les terres, comme les mains des Ouvriers ſont les mains dont ils ſubſiſtent ; & ſe procurent par échange le Pain, le Vin & le reſte : Il eſt donc néceſſaire d'y ſoûtenir les proportions de prix, afin que les uns ny les autres ne vendent point à perte ; laquelle ſituation ſubſiſtant dans ſa perfection, la ſolvabilité réſide toûjours dans chaque ſujet par la valeur de ſon Ouvrage ; & le contraire attribuant à un de ces Perſonnages, qui joüent tous leurs Rôles dans la

X

République, le déchet rejaillit incontinent sur tous les autres à proportion de la figure qu'ils y font ? ce qui, comme un levain contagieux, va toûjours en augmentant, & fait enfin dépérir des Contrées entiéres si on n'y met ordre.

Or les Vins & les Bleds ayant été bombardez d'une façon éfroyable depuis quarante ans ? sçavoir les Grains, par les défenses d'enlévement au dehors dans le temps d'abondance : ce qui en avilit si fort le prix, comme il arrive aujourd'huy, qu'il n'atteint pas à la moitié des frais de la culture, bien loin de remplir les autres charges comme le payement des impôts & du fermage : Et les Vins, par des Tributs sentant plûtôt la confiscation que la contribution, il est arrivé que l'une & l'autre de ces Denrées a rendu leurs possesseurs trés-misérables, & mis par conséquent hors d'état de se procurer de tous les autres Ouvriers le surplus des besoins de la vie, ce qui par contrecoup les a également anéantis : Un Laboureur demeure sans Souliers, sans Chapeau & sans Habits parce qu'il n'a ſçû trouver dans le prix de la vente de ſes Denrées ; aprés la cotte-part de ſon néceſſaire, ſur une ſeule eſpéce, dequoi ſe procurer les autres choſes : Et par la même cauſe, le Chapelier, le Drapier & le Cordonnier n'ont pû recouvrer par leur travail, qui leur eſt demeuré inutile, dequoi avoir du Pain & du Vin de ce Laboureur & Vigneron ; chaque eſpéce périſſant par l'abondance de ſa Denrée perſonnelle, & la diſette d'un autre ; pendant que les uns & les autres auroient pû être trés riches & trés-heureux, ſi l'échange & le trafic continuel, qui eſt néceſſaire pour l'harmonie de l'Etat & le commun maintien, n'avoient été interrompus par des coups violens, & jettez dans le miſérable état où tout eſt à preſent.

Et la raiſon que l'on apporte de ce deſordre, ſçavoir, le manque d'argent, eſt le comble du ridicule, puiſqu'outre que dans la ſituation floriſſante de chaque Profeſſion il n'eſt preſque pas néceſſaire, attendu la ſolvabilité viſible de tous les Sujets,

X ij

tirée de la valeur de leurs Denrées ; ce qui forme autant d'espéces de monnoie , lesquelles dispensent l'argent de la plûpart de ses fonctions ; pour surcroît, l'argent même dans cette conjoncture de consommation abondante , changeant à tous momens de main , a la même vertu que si c'étoit toûjours des espéces nouvelles.

Au lieu que dans ce déconcertement de Commerce par les [raisons marquées , toutes les Denrées , loin d'être de l'argent , ne font que de fumier , ainsi nulle solvabilité dans les Possesseurs. Un Laboureur a beau avoir plein sa maison de Vins, de Grains, & de Bestiaux, tout le monde voyant que par le bas prix il n'a pas de quoi satisfaire à son Maître pour le fermage, qui est toûjours le premier prix, qui que ce soit ne luy veut confier aucune des Denrées dont il a besoin , dans la certitude où l'on est que l'on n'en seroit jamais payé. Tout comme le Cordonnier , le Chapelier & le Drapier se trouvent dans la même situation par la même cause ; c'est en vain que leurs Boutiques sont pleines

de Marchandifes , le manque de debit
arrivé par ce premier principe de
deftruction du Laboureur , les met
hors de crédit ? puifque pareillement
dans la venduë de leurs bien, le loüage
de maifon emporteroit tout. Il faut
donc par tout la le miniftere de l'argent , c'eft-à-dire qu'il luy arrive cent
fois plus de fonctions qu'il n'en avoit
auparavant ; ce qui devant l'obliger à
augmenter la célérité dans fa marche,
il arrive tout le contraire , & il réfide
des mois entiers dans des mains ,
où il n'auroit pas été un moment de
temps auparavant , attendu que comme dans les temps d'abondance ? qui
que ce foit ne s'en deffaifit qu'à proportion qu'il efpére le pouvoir faire
rentrer , réglant fa dépenfe à fa recette
Et un homme qui a trente mille livres de rente , dépenfant cent francs
par jour , tout comme un autre qui
n'en a que la dixiéme partie , ne
débourfe que la même quantité , &
ainfi de tous les autres , foit Ouvriers
ou Propriétaires ; du moment que
tous ces Sujets voyent la certitude de
la diminution de leur recette future ,

ils en font autant de leur dépenſe , &
par conſéquent de la ſortie de l'argent
Et comme non ſeulement une perſonne ou deux ſe trouvent dans cette
diſpoſition , mais généralement tout
le monde ; chacun ren hériſſant ſur
ſon compagnon , comme étant la
conduite la plus ſage & qui ſeule peut
empêcher ou retarder le dépériſſement
on ne doit pas s'étonner de voir la
rareté & cherté de l'argent , mais non
pas en apporter les pitoyables raiſons
que l'on en allégue aujourd'huy , n'y
en accuſer le manque d'exiſtance ,
mais ſeulement la grande ſurvenuë de
néceſſite de fonctions perſonnelles, &
d'obligations en même temps de
diminuer ſon ſervice par celuy de ſon
cours.

A cét ennemy de l'opulence publique & de la circulation de l'argent ,
il en ſurvient un autre non moins
remply de deſaſtres, qui eſt la néceſſité
preſſante de fournir les beſoins du
Roi : comme il a ſa part de ces dépé-
riſſemens de revenu qui diminuent
pareillement ſes biens , ou attaque

personnellement les immeubles &
l'argent même, on leur livre la guerre,
ce qui par le premier sape, quantité
de fabriques de monnoie, sçavoir, le
crédit qui n'est qu'a proportion de la
valeur des fonds que l'on posséde,
qui s'en va avec leur destruction : Et
par cette guerre que l'on fait à l'argent, on ajoûte aux nécessitez de sa
longue garde que l'on vient de remarquer, celle de la crainte d'en être
dépossédé contre sa volonté ; outre
que par la Jurisprudence établie,
étant difficile de compter qu'els biens
on peut posséder avec certitude, &
n'y ayant nulle assurance que la cot-
tité de sa contribution aux besoins du
Prince ne soit pas sa dépoüille entiére
il arrive delà que l'argent seul pouvant se sequestrer à cette conduite, il
aquierre non seulement par là une
préférence, mais même une singu-
larité de prix sur les autres Denrées,
ce qui les réduit toutes en fumier, &
fait qu'il arrive comme dans les Banqueroutes, où l'on donne tout pour
peu de chose afin d'avoir de l'argent.

qui feul peut être hors d'atteinte des
créanciers, & de ceux à qui il est dû,
ce qui est la ruine d'un Etat ; & ce qui
se faisant par tromperie dans les Banqueroutes, se pratique par prudence
dans la conjoncture présente, & porte
en même temps la rareté de l'argent
en un point infini.

L'état de ces dispositions est, que
la moitié de la France est misérable,
parce qu'elle est privée de pain, de
vin, de viande & des autres Denrées
nécessaire, comme est tout le menu
Peuple & les Gens vivant de leur
travail ; & l'autre partie, qui sont les
Propriétaires des fonds, périt également par la trop grande abondance
de toutes ces choses, dont elle ne
peut trouver de debit ; en sorte qu'il
en arrive comme dans la nourriture de
deux Sujets particuliers, dont l'un
meurt de faim, & l'autre de replétion
pour avoir pris trop d'alimens,
pendant que la compensation de ces
extrêmitez auroit sauvé l'un & l'autre
Dans un corps d'Etat comme la France, qui souffre ce sort aujourd'huy,

c'est à l'argent à en faire l'aliage & le trafic, pour former deux perfections de deux grandes défectuositez : Or depuis quarante ans la surprise de Messieurs les Ministres est si grande, que toutes leurs attentions, depuis le matin jusqu'au soir, ne tendent qu'à le priver de ces fonctions si nécessaires, pour lesquelles seules il a été introduit dans le monde ; & sur tout dans les Païs, comme ce Royaume où il n'est pas un fruit de terroir ainsi qu'au Perou ; en sorte qu'il y a un divorce continuel entre l'Argent & les Denrées, au lieu d'être dans un commerce perpétuel ; ce qui en fait par conséquent autant des Denrées mêmes

L'Argent n'est point rare faute d'existence, mais parce qu'étant nécessaire qu'il marche toûjours si on veut voir de l'opulence, on met tous les hommes aujourd'huy dans la cruelle nécessité de ne s'en dessaisir qu'à la derniére extrêmité.

L'Argent est rare, par ce que sa nature étant de garantir la tradition des échanges lorsqu'elles ne se font pas immédiatement , & partageant cette fonction avec une infinité d'autres effets, soit meubles & immeubles, dont les porteurs de procuration étoient le papier & le parchemin ; leur destruction lui renvoye tout le fardeau personnellement sur le corps , pendant que bien loin qu'il lui soit permis d'augmenter la vitesse de sa marche par ce surcroi d'occupation , c'est cela même qui la retarde , comme l'on vient de marquer.

L'Argent est rare , attendu que dans les temps d'abondance , ne formant la vingtiéme partie des bien, dont une infinité avoient une préférence entiére sur une quantité effroyable de ce Métail ; & tous , quels qu'ils fussent , ont une concurrence certaine & proportionnée au prix ordinaire des choses : à present il n'y a plus que luy seul qui se puisse appeller richesse.

L'Argent est rare enfin , attendu qu'outre toutes les raisons marquées on lui fait la guerre , & que l'on le veut enlever malgré la volonté du Possesseur; & qu'il lui en arrive com-

me on verroit aux hommes, si on les
prenoit par force, tous s'iroient cacher
dans des retraites & des cavernes ; &
si quelqu'un venoit dire alors qu'ils
sont morts ou ont passé dans les Païs
étrangers, il seroit assurément estimé
extravagant. C'est à peu prés le même
raisonnement que l'on fait aujour-
d'hui de l'Argent, & comme il ne
faudroit qu'un moment pour faire re-
paroitre ces hommes, il n'est pas nécessaire de davantage de temps pour
rendre l'argent plus commun qu'il ne
fût jamais, & par conséquent le Roi
& tous ses Sujets trés-riches : Il n'i a
qu'à accorder la paix aux immeubles,
ce qui se peut en un instant, ainsi qu'à
la consommation des Denrées, par
l'adoucissement de quelques Droits
violens, & aussi-tôt les uns & les
autres sortant du néant, redonneront
par leur résurrection un concurrent à
l'Argent, qui le dispensera ou partagera avec lui plus de dixneuf de ses
fonctions sur vingt, avec un surcroi
de vitesse dans sa marche à l'égard
de ce qui lui en restera, par où toute

l'opulence sera rétablie , qui est le principe de la fourniture des besoins du Roi , & non pas la destruction de cette harmonie , comme on a pensé faussement jusqu'icy , sans que la tentative d'une pareille expérience mette rien au hasard , quoique cette sorte de seureté aye été peu exigée jusqu'icy , dans les essais que l'on a fait souvent inutilement , pour faire recevoir de l'argent au Roi.

Tous ces raisonnemens, qui ne sont qu'un précis très-certain de la pratique journalière , n'auront qu'une idée de visions creuses , & de spéculation chez les personnes qui n'ont eux-mêmes que la simple théorie du commerce & du labourage , dont il n'y a que le seul usage qui en puisse apprendre les véritables intérêts : De même que c'est cette seule ignorance qui peut excuser la grande dérogeance qu'on y apporte tous les jours , ou plûtôt à l'utilité du Roi & des Peuples , dont le rétablissement dans une félicité entière ne pend ici qu'en un filet , puisque l'un & l'autre ne con-

siſtant que dans une ample joüiſſance
de tous les beſoins, abonde ſi fort eu
France, qu'il s'en perd trois fois plus,
tant excrûs qu'à excroitre, qu'il ne
s'en conſume ; & l'Argent, à qui il
appartient ſeulement d'en faire le
mélange ou l'impartition, & non d'en
être le principe, loin de manquer de
garantie ou de refuſer ſon miniſtére,
eſt tous les iours condamné à une
oiſiveté qui énerve toute ſa force,
ainſi que de ſes Commiſſionnaires ;
ſçavoir, le papier, le parchemin & le
crédit ; ce qui n'arrivant que par une
violence continuelle, il n'eſt queſtion
que d'un moment, c'eſt-àdire d'une
ſimple ceſſation de volonté déterminée, qui maintient les choſes au miſérable état où l'on les voit ; & auſſi-tôt
la nature agiſſant dans toute ſa liberté
toutes les Denrées reprendront la
vigueur que l'on leur a vûë autrefois.

DISSERTATION

*De la Nature des Ri-
cheſſes, de l'Argent
& des Tributs, ou
l'on découvre la fauſſe
idée qui regne dans le
Monde à l'égard de
ces trois articles.*

CHAPITRE PREMIER.

Tour le monde veut être riche,
& la plûpart ne travaillent nuit
& jour que pour le devenir ; mais on
ſe méprend pour l'ordinaire daıs la
route que l'on prend pour y réüſſir.

L'erreur dans la veritable acquiſi-
tion de richeſſes qui puiſſent être per-

manentes, vient premierement de ce
que l'on s'abuse dans l'idée que l'on
se fait de l'opulence, ainsi qu'à l'égard
de celle de l'argent.

On croit que c'est une matiere où
l'on ne peut point pécher par l'excés,
ni jamais en quelque condition que
l'on se trouve en trop posseder ou acquerir ; l'attention aux interêts des autres, est une pure vision, ou des réfle-
xions de Religion qui ne passent point
la Theorie. Mais pour montrer que
l'on s'abuse grossierement, qui mettroit ceux qui y sont dévoüez singulierement en possession de toute la terre avec toutes ses richesses, sans en
rien excepter ni diminuer, ne seroient-
ils pas les derniers des miserables qui
eussent jamais été? & ne prefereroient-
ils pas la condition d'un Monde ha-
bité ? Car premierement, outre qu'il
leur faudroit être eux-mêmes les fabri-
cateurs de tous leurs besoins, bien loin
de servir par là leur sensualité, ce seroit un chef-d'œuvre, si par un travail
continuel ils pouvoient atteindre jusqu'à se procurer le necessaire ; & puis
dans la moindre indisposition, il fau-

droit perir manque de secours, ou plûtôt de desespoir.

Et même sans supposer les choses
dans cet excés, un tres-petit nombre
d'hommes en possession d'un tres-
grand Païs, comme il est arrivé quelquefois par des naufrages, n'ont-ils
pas été autant de malheureux, bien
loin d'être autant de Monarques? Et
il n'est que trop certain, par les Relations Espagnoles de la Découverte du
nouveau Monde, que les premiers
Conquerans, quoique maitres absolus
d'un Païs où l'on mesuroit l'Or &
l'Argent par piques, passerent plusieurs années si miserablement leur vie,
qu'outre que plusieurs moururent de
faim, presque tous ne se garantirent
de cette extrêmité, que par des alimens
les plus vils & les plus répugnans à
la nature.

Ce n'est donc ni l'étenduë du Païs
que l'on possede, ni la quantité d'Or
& d'Argent que la corruption du cœur
a érigé en Idole, qui font absolument
un homme riche & opulent, il n'en
forme qu'un miserable, comme l'on
peut voir par les exemples que l'on

vient de citer : ce qui se verifie tous
les jours encore par le paralelle de ce
qui se passe au Païs des Mines, où cinquante Ecus à dépenser par jour, font
vivre un homme moins commdément
qu'il ne seroit en Hongrie avec huit
ou dix sols, qui suffisent presque pour
joüir abondamment de tous les besoins
necessaires & agréables. On voit par
cette verité qui est incontestable, qu'il
s'en faut beaucoup qu'il suffise pour
être riche, de posseder un grand Domaine & une tres-grande quantité de
Metaux précieux, qui ne peuvent que
laisser perir miserablement leur possesseur, quand l'un n'est point cultivé,
& l'autre ne se pont échanger contre
les besoins immediats de la vie, comme la nourriture & les vêtemens, desquels personne ne sçauroit se passer :
Ce sont donc eux seuls qu'il faut appeller richesses ; & c'est le nom que
leur donna le Créateur lors qu'il en
mit le premier Homme en possession
aprés l'avoir formé : ce ne fut point
l'Or ni l'Argent qui reçûrent ce titre
d'opulence, puis qu'ils ne furent
en usage que long-tems aprés ;

c'oft-à-dire, tant que l'Innocence, au
moins fuivant les loix de la nature,
fubfifta parmi les Habitans de la terre,
& les degrés de dérogeance à cette
difpofition, ont été ceux de l'augmentation de la mifere generale. On a fait
encore une fois un Idole de ces Métaux, & laiffant là l'objet & l'intention pour lefquels ils avoient été ap-
pellez dans le Commerce; fçavoir,
pour y fervir de gages dans l'échange
& la tradition reciproque des Denrées, lors qu'elles ne fe pût plus faire
immediatement, à caufe de leur multiplicité, on les a prefque quittez de
ce fervice pour en former des Divinitez, à qui on a facrifié & facrifie
tous les jours plus de biens & de befoins précieux, & même d'hommes
que jamais l'aveugle Antiquité n'a
immolé à ces fauffes Divinitez, qui ont
fi long-tems formé tout le culte &
toute la Religion de la plus grande
partie des Peuples. Ainfi il eft à propos de faire un Chapitre particulier
de l'Or & de l'Argent, pour montrer
par où ce defordre eft entré dans le
Monde, où il a fait un fi grand rava-

ge , sur tout dans ces derniers tems,
que jamais ceux des Nations les plus
barbares dans leurs plus grandes inon‑
dations n'en approcherent , quelque
description épouventable que l'on en
trouve chez les Historiens. On espere
qu'aprés la découverte de la source du
mal , il y aura moins de chemin à
faire pour arriver au remede , & que
cela pourra porter les Hommes à re‑
venir de leur aveuglement , d'anean‑
tir tous les jours une infinité de
biens , de fruits de la terre , & de
commoditez de la vie , seules propres
à faire subsister l'Homme, pour recou‑
vrer une Denrée , qui n'étant absolu‑
ment d'aucun usage par elle‑même,
n'avoit été appellée au service des
Hommes , que pour faciliter l'échan‑
ge & le trafic ainsi qu'on a déja dit :
On espere , dis‑je , qu'aprés cette vé‑
rification de ce fait incontestable , &
que la misere des Peuples ne vient que
de ce qu'on a fait un Maître , ou plû‑
tôt un Tyran de ce qu'il étoit un Es‑
clave : On quittera cette erreur , &
rétablissant les choses dans leur état

naturels, la fin de cette révolte fera
celle de la desolation publique.

CHAPITRE SECOND.

LE Ciel n'est pas si éloigné de la
Terre, qu'il se trouve de distance
entre la veritable idée que l'on doit
avoir de l'Argent, & celle que la corruption en a établi dans le Monde;
& qui est presque reçuë si generalement, qu'a peine l'autre est elle connuë: quoique cet oubli soit une si
grande dépravation, qu'elle cause la
ruïne des Etats, & fait plus de destruction que les plus grands Ennemis
étrangers pourroient jamais causer par
leurs ravages.

En effet, l'Argent dont on fait une
Idole depuis le matin jusqu'au soir,
avec les circonstances que l'on a marquées, & qui sont trop connuës pour
être révoquées en doute, n'est absolument d'aucun usage par lui-même,
n'étant propre ni à se nourir, ni à se
vêtir, & aucun de tous ceux qui le
recherchent avec tant d'avidité; & à

qi pour y parvenir, le bien & le mal
sont également indiferens, n'est porté
dans cette poursuite qu'afin de s'en
dessaisr aussi-tôt, pour se procurer les
besoins de son état ou de sa subsistance.

Il n'est donc tout au plus, & n'a
jamais été qu'un moyen de recouvrer
les Denrées, parce que lui-même
n'est aquis que par une vente précédente de Denrées : cette intention
étant généralement tant dans ceux
qui le reçoivent, que ceux qui s'en
dessaisissent, ensorte que si tous les
besoins de la vie se réduisoient à trois
ou quatre espéces, comme au commencement du monde, l'échange se
faisant immédiatement & troc pour
troc, ce qui se pratique même encore en bien des contrées, les Métaux
aujourd'hui si précieux ne seroient
d'aucune utilité.

Il n'y a même aucune Denrée si
abjecte, propre à nourir l'homme, qui
ne lui fût préferée en quelque quantité qu'il se rencontrât, si il étoit absolument défendu ou impossible au
possesseur de s'en dessaisir, ce qui le

réduiroit bien-tôt au même état du Midas de la Fable.

Ce n'est donc que comme garand tout au plus des échanges, & de la tradition réciproque, qu'il a été apellé dans le monde, lorsque la corruption & la politesse ayant multiplié les besoins de la vie, de trois ou quatre espéces qu'ils étoient dans son enfance, jusqu'à plus de deux cens où ils se trouvent aujourd'hui ; ce qui fait que n'y ayant pas moyen que le commerce & le troc s'en fassent de main, comme dans ces tems d'innocence ; & le vendeur d'une Denrée ne trafiquant pas le plus souvent avec le Marchand de cellé dont il a actuellement besoin, & pour le recouvrement de laquelle il se dessaisit de la sienne ; l'Argent alors vient au secours, & la recette qu'il en fait de son acheteur, lui est une procuration avec garantie, que son intention sera effectuée en quelque lieu que se trouve le Marchand ; & cela, pour autant & sur un courant & proportionné, à ce qu'il s'est dessaisi les mains de la Denrée dont il étoit propriétaire : Voila donc l'unique fonction de l'Argent, & chaque degré de dérogeance qu'on y admet, quoy qu'elle se voye aujourd'hui a un excés effroyable, est autant de déchet à la félicité d'un Etat.

En effet, tant qu'il s'en tient là, nonseulement il n'y a rien de gâté ; & bien loin d'être obligé de sacrifier tous les jours tant de victimes afin de le recouvrer, pour peu qu'il fît le rebelle, si les hommes s'entendoient, il seroit aisé de lui donner son congé, ce qui lui arrive même à chaque moment en une infinité d'occasions, quoi qu'on n'y prenne pas garde.

Comme il n'est tout au plus, ainsi qu'on vient de dire, qu'une garantie de la livraison future d'une Denrée, qu'on ne reçoit pas immediatement en vendant celle que l'on possede, du moment qu'elle se peut procurer sans son ministere, il sera obligé de renfermer tout son orgüeil à demeurer absolument inutile & immobile.

Le Cuivre & le Bronze dont on fait de la monnoye pour des sommes considerables, ne le remplacent-ils pas ? N'en a-t'on pas fait souvent de

Cuir dans les occaſions ? qui avec la marque du Prince , qui ne coûte rien, a la même vertu, & même davantage, puiſqu'il a procuré les beſoins de la vie, plus que n'ont jamais fait les piles d'Argent au Perou & au Nouveau Monde.

Aux Iſles de Maldives, où les Peuples ne ſont point du tout barbares, étans même polis & magnifiques, comme on peut voir par les relations, de certaines Coquilles qui ſe donnent par petits ſacs , ont le même pouvoir, & procurent la même certitude de livraiſon future de ce qu'on veut ou voudra avoir, que font l'Or & l'Argent par tout ailleurs où ils ſont en vogue , bien que ces Iſles n'en ſoient pas même deſtituées , & qui ne laiſſent pas pour cela d'en ſouffrir tranquillement la concurrence avec des matiéres auſſi abjectes que font des Coquilles.

Les Iſles de l'Amérique ont été long-tems , quoi qu'abandonnées en Argent , ſans en connoître l'uſage dans le trafic journalier , même par-mi

mi les Nations de l'Europe qui l'habitoient, bien que les Peuples ne man-
quaſſent d'aucuns de leurs beſoins
qu'ils conſtruiſoient deſſus le lieu, ou
qu'on leur aportoit abondamment de
l'ancien Monde.

Le Tabac ſeul faiſoit tout le trafic,
ainſi que la fonction de l'Argent,
tant en gros qu'en detail : Si l'on vouloit avoir pour un ſol de pain, & même moins, on donnoit pour autant
de ce fruit de la terre, qui avoit un
prix fixe & certain, ſur lequel il n'y
avoit non plus de conteſtation que
ſur la monnoye courante, en quelque
Païs que ce ſoit ; & cependant avec
tout cela, le neceſſaire, le commode
& le magnifique, n'y manquoient non
plus qu'ailleurs.

Mais qu'eſt-il neceſſaire d'aller ſi
loin checher des exemples pour verifier cette doctrine ? que c'eſt une
erreur groſſiére de regarder l'Or &
l'Argent comme l'unique principe de
richeſſe, & de la felicité de la vie.

Nous avons dans l'Europe, & on
le pratique de même tous les jours un
moyen bien plus facile & à bien meil-

leur marché, pour mettre ces Métaux à la raison ; & detruisant leur
usurpation, les renfermer dans leurs
veritables bornes, qui sont d'être va-
lets & esclaves du Commerce uniquement, & non les Tyrans, & cela en
leur donnant pour concurrens non
du Cuivre, non des Coquilles, non
du Tabac, comme dans les lieux
mentionnez, qui coûtent de la peine
& du travail à recouvrer, mais un
simple morceau de papier qui ne coûte rien, & remplace neanmoins toutes les fonctions de l'Argent, pour
des quantitez de millions, une infinité de fois, c'est à-dire par autant de
mains qu'il passe, tant que ces Métaux ne sortent point de leur état naturel, & des principes qui les ont
fait apeler dans le monde.

On demande donc à toute la Nation polie, si prévenuë des maximes
regnantes, & qui ignorent absolument la pratique & l'usage du Commerce, qui fait subsister tous les hommes, sans vouloir même jamais s'in-
struire ; de peur que la reconnoissance
de leur erreur ne leur fût préjudicia-

ble. On demande, dis-je, si les Billets
d'un celebre Negociant, dont le credit puissamment établi par une opulence certaine connuë, & telle qu'il
s'en rencontre plusieurs dans l'Europe, ne vaut & ne prevaut pas à de
l'Argent comptant ; & si en ayant
toute la vertu & toute l'éficace, il n'a
pas des avantages particuliers sur les
Métaux, par la facilité de la garde &
du transport, sans crainte d'enlevemens violens.

Il y a bien plus, c'est qu'il ne sera
jamais aquité ; tant qu'il ne se trouvera qu'en des mains sages & inno-
centes, & qui n'en veulent faire
qu'un usage de conduite prudente,
soit par raport au passé ou au present,
qui est de ne se dessaisir de son bien,
sur tout d'une somme considerable,
que pour se procurer l'équivalant,
soit en immeubles ou en meubles, si
l'on est Negociant, & non le consommer en dépense ordinaire, soit faite ou à faire, qui est le seul cas où le
Billet n'est plus d'usage ; sans quoi,
aprés une infinité de mains qu'il auroit toutes enrichies, en garantissant

la livraiſon future de ce qu'on ne
ne pouvoit fournir ſur le champ , il
ſeroit retourné à ſon premier tireur,
ou il n'y auroit échû , qu'une compenſation.

De cette maniére voila une opulence generale, c'eſt-à-dire une joüiſſance & une conſommation éfroyable
de biens, ſans le miniſtere de la moindre ſomme d'Argent. Voila donc encore une fois les Prêtres de cette Idole bien loin de leur compte, d'en faire
un Dieu tutelaire de la vie, & de ſoûtenir que les hommes ne ſont heureux
ou malheureux qu'à proportion qu'ils
poſſédent plus ou moins de ce Métail ſi recherché.

Les Foires de Lion prouvent l'erreur du ſentiment contraire toutes les
années , leſquelles étant tantôt bonnes & tantôt mauvaiſes , on n'en peut
nullement attribuer la cauſe à l'abondance ou au défaut de l'argent , puiſque ſur un commerce de vente & de
revente de plus de quatre-vingt millions qui les compoſent , on n'y a jamais vû un ſol marqué d'argent comptant , tout ſe fait par échange & par

billets, lesquels aprés une infinité de mains, retournent enfin au premier tireur, ainsi qu'on a déja dit.

En voila plus qu'il n'en faut pour montrer que la quantité plus ou moins d'Or & d'Argent, sur tout dans un Païs rempli de Denrées necessaires & commode à la vie, est absolument indifferente, pour en faire joüir abondamment les Habitans ; mais ce n'est que lorsque ces Métaux demeurent dans leurs limites naturelles : car du moment qu'ils en sortent, comme l'on n'a que trop fait l'experience en plus d'un endroit, ils deviennent necessaires, parce qu'ils s'érigent en tyrans, ne voulant point souffrir qu'autres s'apellent richesses ; & c'est ce qu'on va voir dans les Chapitres suivans, où l'on montrera évidemment les deux issuës par où il a quitté son ministere ; dont la premiére est l'ambition, le luxe, l'avarice, l'oisiveté & la paresse ; & l'autre, le crime formel, tant celui qui est puni par les loix, qu'un autre genre que l'ignorance fait couronner tous les jours.

Z iij

CHAPIT. TROISIE'ME.

LA condamnation que Dieu pro-
nonça contre tous les hommes en
la perfonne du premier, de ne pouvoir à l'avenir, aprés fon peché,
vivre ni fubfifter que par le travail
& à la fueur de leur corps, ne fut
ponctuellement executé qu'autant que
l'innocence du monde dura, c'eft-à-
dire, tant qu'il n'y eut aucune differéce
de condition & d'états; chaque fujet
étoit fon valet & fon maître, & joüif-
foit des richeffes & des trefors de la
terre, à proportion que l'on avoit
perfonnellement le talent de les faire
valoir; toute l'ambition & tout le
luxe fe réduifoient à fe procurer la
nouriture & le vêtement. & Les deux
premiers Ouvriers du monde, qui
étoient en même tems les deux Monarques, fe partagérent ces deux Métiers; l'un laboura la terre pour avoir
des grains, & l'autre nourît des troupeaux pour fe couvrir & l'échange

mutuelle qu'ils pouvoient faire, les faisoit joüir réciproquement du travail l'un de l'autre.

Mais le crime & la violence s'étant mis avec le tems de la partie, celui qui fut le plus fort ne voulut rien faire, & joüir des fruits du travail du plus foible, en se rebellant entiérement contre les ordres du Créateur, & cette corruption est venuë à un si grand excés, qu'aujourd'hui les hommes sont entiérement partagez en deux classes; sçavoir, l'une qui ne fait rien, & joüit de tous les plaisirs; & l'autre qui travaille depuis le matin jusqu'au soir, & a à peine le necessaire, & en est même souvent privé entiérement.

C'est de cette disposition que l'Argent a pris son premier degré de dérogeance à son usage naturel : l'équivalence où il doit être avec toutes les autres Denrées, pour être prêt d'en former l'échange à tous momens, a aussi-tôt reçû une grande atteinte. Un homme voluptueux, qui a à peine assez de tems de toute sa vie pour satisfaire à ses plaisirs, s'est mocqué de

tenir ſa maiſon & ſes magaſins remplis
de grains & d'autres fruits de la terre,
pour être vendus au prix courant
en tems & ſaiſon : ce ſoin , cette
attente & cette inquiétude ne ſe ſont
pas accommodez avec ſon genre de
vie ; la moitié moins d'argent comptant , même le quart , font mieux
ſon affaire , & ſes voluptez en ſont
ſervies avec plus de ſecret & plus de
diligence.

Ainſi cette main-baſſe que l'on
fait dans ces occaſions de toutes ſortes de Denrées , dérange d'une terrible façon l'équilibre qui doit être entre l'Or & l'Argent , & toutes ſortes
de choſes. L'âpreté que l'on a pour
recouvrer l'un , & la profuſion que
que l'on fait de l'autre , éleve le premier juſqu'aux nuées , & abaiſſe l'autre juſqu'aux abîmes. Voila donc l'eſclave du Commerce devenu ſon tyran : mais ce n'eſt là que la moindre
partie de ſa vexation ; cette facilité à
l'Argent de ſervir tous les crimes , lui
fait redoubler ſes appointemens , à
proportion que la corruption s'em-
pare des cœurs ; & il eſt certain que

presque tous les forfaits seroient bannis d'un Etat, si l'on en pouvoit faire autant de ce fatal Métail; le peu de service qu'il rend au Commerce, ainsi qu'on a fait voir en ce qui a précedé, ne vaut pas la centiéme partie du mal qu'il lui cause.

On ne parle point des Voleurs ni des Brigans, qui à l'Argent seul sert de moyen certain pour enlever tout le vaillant d'un homme, sans autre droit ni titre qu'une force majeure, & qui se met par là non seulement en pouvoir de le ravir, mais même de le mettre à couvert & hors toutes recherches.

Si toutes les facultez se terminoient aux Denrées necessaires à la vie, les Brigans perdroient ces deux facultez pour voler, ils ne pourroient enlever qu'une petite quantité de biens à la fois, pour laquelle même emporter, il leur faudroit un grand nombre de chevaux & de voitures impossibles à cacher, parce que tout seroit facile à reconnoître, & par consequent aisé à découvrir.

Le premier Legislateur de l'antiquité avoit si bien reconnu ce desordre , que la Monnoye qu'il introduisit dans sa République , étoit un Métail si commun & d'un si grand volume , que ce prétendu précis de toutes les Denrées avoit un corps presqu'aussi étendu que les choses qu'il representoit ; ainsi les Voleurs , les Banqueroutiers, & tous ceux qui ont besoin de secret & d'obscurité pour perpetuer les crimes , n'en étoient pas beaucoup mieux servis.

Mais il n'est pas encore tems de finir l'usage que le crime fait du seul Argent, & dont il seroit empêché par les autres genres de biens ; si ils n'avoient point cette malheureuse representation , les Banqueroutiers qui déconcertent entièrement le Commerce mettant tout le monde dans la défiance , & empêchant que l'on ne puisse trafiquer par crédit & par Billets , ne pouroient presque plus voler aussi impunément tout le monde qu'ils font journellement.

On sçait que leur jeu & leur manœuvre , sont de se servir de la réputation bien ou mal aquise, pour ache-

ter de tous côtez à credit , à tel prix
que l'on y veut mettre , parce qu'ils
font bien affurez qu'ils n'en débour-
feront jamais rien , plus ils le reven-
dent fur le champ argent comptant,
la moitié ou les deux tiers moins , &
continuent cette fraude jufqu'à l'é-
chéance des Billets; qu'ils font ceffion
entiére , fous de prétenduës pertes
dont il les faut croire , attendu que la
conviction du contraire , eft un procés éternel , encore plus ruineux envers ceux qui perdent, que la banqueroute même.

Et cette fraude eft ce qu'il y a de
moins defolant par le raport à tout le
corps de l'Etat , attendu que cette
cherté que cela met à l'Argent par
ces crûës d'ufages , quoique criminel,
le portant jufqu'au Ciel , ainfi qu'on
l'a dit , fait defcendre à même tems
l'autre côté de la balance ; fçavoir,
celui des Denrées jufqu'aux abimes :
l'un prend le prix des pierres précieu-
fes , & l'autre n'eft plus que de la
poffiére , par la prodigalité que l'on
en fait , afin de parvenir à fes deffeins
criminels. Et bien que ces démarches

ne se rencontrent qu'en quelques particuliers , elles ne laissent pas d'être
contagieuse à toute la masse , parce
que toutes choses ayant une solidité
d'interest , tant meubles qu'immeubles ; la moindre atteinte qui arrive
à une partie , soit en bien ou en mal,
devient aussi-tôt commune à tout le
reste.

Les Blez ne peuvent hausser ni baisser considérablement en un Marché,
sans que cette disposition ne gagne
aussi-tôt tous les lieux circonvoisins ;
& sa continuation de trois ou quatre
semaines seulement , l'a fait pénétrer
d'un bout du Royaume à l'autre , de
quelqu'étenduë qu'il soit , & même
plus loin.

Enfin la gangrene à l'extrêmité des
membres du corps humain , fait périr
bien tôt tout le sujet , quoique toutes
les parties d'abord tres-éloignées du
mal paroissent tres saines & en fort
bon état ; mais c'est ce qu'on expliquera mieux dans le Chapitre suivant,
qui sera celui des richesses , en mon-
trant quelles doivent être pour rendre
un Païs opulent , sur tout lorsqu'il
est

eſt fourni de Denrées par ſa nature.

Il n'eſt pas encore tems de finir le recit des ravages de l'Argent, & de montrer que lui ſeul fait plus de degât dans les Contrées où l'on n'a pas ſoin de le renfermer dans ſes véritables bornes, que toutes les Nations barbares qui ont innondé la terre, exerçant toutes ſortes de violences dont les Hiſtoires ſont remplies.

Juſqu'ici, quelques grands que ſoient les deſordres par lui cauſez que l'on vient de décrire, comme le ſont tous crimes défendus par les Loix, & qu'elles puniſſent même ſeverement, lorſque la juſtice en peut être faite, la déclamation ou la deſcription ne pouvoit guéres ſe terminer qu'à des vœux pour en voir la ceſſation, quoique neanmoins quelques-uns de ces crimes, comme les banqueroutes tirent leur principe de plus loin ; ſçavoir, d'une neceſſité cauſée par un precedent déconcertement d'Etat, qui n'eſt point du tout l'éfet d'un brigandage, ou de voleurs de grands chemins.

Cette malheureuſe idolâtrie de

l'Argent, source de tous les maux,
n'auroit pas ses Temples si remplis
d'adorateurs, s'il n'y en avoit point
d'autres que des sujets exposez sans
quartier à la rigueur des Loix.

Voici bien un autre Cortége ; sçavoir, ceux qui ont soin de faire payer
les Tributs des Princes, la rigoureuse
poursuite, & les recherches qu'on en
a faites dans bien des occasions, sans
parler de la voix publique, purge cet
énoncé de tout soubçon, de calomnie, ou de discours seditieux.

C'est au contraire le plus grand
service qu'on puisse rendre aux Princes, de faire voir la surprise qu'eux
& leurs Ministres souffrent, quoique
bien intentionnez, dans cette grande preference que ceux qui se cou-
vrent de leur autorité donnent à l'Argent, sur les autres Denrées ; bien
que l'un ou l'autre soit indifférent
au Souverain, comme il l'est pareillement à tout ce qui est à leur solde,
& sur tout à leurs Gens de Guerre,
qui n'ont pas si-tôt reçû leur montre,
qu'ils la convertissent à leur nouriture
& aux besoins de la vie ; ensorte qu'il

leur seroit égal de les recevoir immediatement sans le ministére d'Argent, comme cela se pratique en beaucoup d'endroits.

On éclaircira & on traitera davantage de cette verité dans un Chapitre particulier, où l'on montrera qu'il y a tel Prince , qui ne procure pas une pinte de vin à aucuns de ses Soldats, qu'on n'en ait anéanti jusqu'à vingt, & même cent qu'il auroit reçûës , si on n'avoit pas immolé cette quantité à la volonté déterminée d'avoir de l'Argent, à quelque prix que ce fût, & non du vin, & ainsi du reste.

Ce sont donc ceux qui surprennent leur autorité , lesquels leur inspirent que l'Argent qu'ils font payer au Prince n'est considerable que par sa quantité , & nullement par la maniére dont il est levé sur les Peuples : Et bien que les Souverains ne le reçoivent que pour fournir le moyen à ceux à qui ils le distribuent de se procurer les besoins de la vie , ils osent prétendre qu'il n'est d'aucune consideration que ces Médiateurs ayent abîmé ou anéanti pour vingt fois davantage de ces mêmes besoins , en faisant ce fatal recouvrement ; que le Maître ou ceux qui sont à sa solde n'en pourront avoir avec l'argent qui en provient ; & leur être distribué.

Voila un crime éfroyable de ce Métail , qui bien loin d'être pourſuivi par les Prevôts comme les Voleurs de grands chemins , eſt tous les jours couronné de lauriers ; quoi qu'il ne faſſe pas moins d'horeur au Peuple, & que les maux qu'il cauſe exédent tous ceux que l'on pouroit recevoir des plus fameux Brigands , qui auroient une pleine licence d'exercer les derniéres violences.

Des Contrées entiéres autrefois en valeur , preſentement incultes des fruits les plus précieux ; entiérement à l'abandon ſans en pouvoir trouver les frais de la culture ; & ſur tout les liqueurs, que les Païs voiſins ne boivent que de l'eau , & les achétent un prix exhorbitant pour les extrêmes neceſſitez, ce qui ne va pas à la centiéme partie de la conſommation poſſible, & leur fait ſouffrir le même ſort pour d'autres Denrées municipa-

les & singuliéres , donneroient en
contr'échange. Toutes ces choses,
dis-je , qui sont autant de témoins
vivans, quoi que muets, montrent que
ce n'est point exagération que cette
préferance de crime & de desordre
que l'on donne à ces Pourvoyeurs
d'argent, sur tous les autres genres de
violences & de vexations.

En effet, si les Tributs s'exigeoient
en essence sur chaque fruit & chaque
Denrée , comme on a fait uniquement tres-long-tems , & qu'il se pratique même en quantité d'endroits ,
puisqu'enfin toute reception d'impost
n'est que pour parvenir à ce recouvrement de Denrée , & que ce cruel Mé-
diateur , sçavoir, l'Argent , en abîme
une si grande quantité par son fatal
ministére : Si , dis je , cette exigence
se faisoit réellement , l'horreur de pareils éfets auroit absolument empêché
leur introduction , ou au moins l'auroit fait rejetter au plus vîte à la pre-
mieréte expérience.

Auroit-on pû de sens rassis mettre
une Ordonnance sur le papier , qui
portât que quiconque recüeillira sur

ſa terre trente ſeptiers de blé , en payera quarante pour l'impôt ; & un autre , dont la levée va à deux tiers ,
ne contribuera que de quatre , & même moins ſuivant ſon crédit : Comme une pareille demande , ainſi que
l'execution auroit une vûë & un vi-
ſage éfroyable , il les a falu maſquer ,
& c'eſt ce que l'Argent fait merveil-
leuſement bien , il derobe toute l'horreur de pareille démarche aux perſonnes élevées qui pourroient y donner
ordre , parce que n'ayant qu'une idée
confuſe du détail , qui ne s'apprend
que par la pratique , c'eſt à-dire , la
vie privée , ce qui eſt bien éloigné de
leur ſituation , ils ignorent tout-à-
fait que qui que ce ſoit ne peut payer
un ſol , ny de tribut ny d'autres redevances que par la vente des Denrées
qu'il poſſede ; & qu'ainſi la demande d'Argent a des limites de rigueur ,
données par la nature , qui ne peuvent être violez ſans produire un
monſtre éfroyable.

En éfet , ſi le manque de ſuccés
s'en tenoit à un ſimple refus , on

pouroit dire qu'il n'y auroit que du
tems & du papier perdus : mais il s'en
faut beaucoup que les chofes n'en de-
meurent-là ; l'impoffibilité morale &
naturelle qui n'arrête pas ceux qui
font chargez de pareilles exactions,
force la nature pour fe faire obéïr, &
les préciputs qui doivent être pris
avant le tribut, & même toutes fortes
d'exigences, fçavoir les frais de la
culture, font d'abord immolez, ainfi
que les utenfiles & inftrumens, pour y
parvenir ; & la certitude où cela met
d'un abandon de toute la terre à
l'avenir, c'eft-à-dire mille de perte,
pour un de profit, n'eft d'aucune con-
fidération envers des gens en qui
l'intéreft d'un moment prefent, foit
qu'ils foient pouffez par une neceffité
pareille d'en ufer de la forte, à faute
de quoy ils y feroient fujets euxmê-
mes, ce qui n'eft que trop connu, ou
foit que leur fortune finguliére ne leur
foit promife qu'à ce prix, ce qui eft
pareillement fort ordinaire ; enfin
dans l'un ou l'autre cas l'intereft,
dis-je, de ce moment acheté à fi haut

prix aux dépens du bien Public, pré-
vaut à toutes ces suites funestes quelques nombreuses, & quelqu'éfroyables qu'elles soient, qui sont insépa-
rables de cette conduite.

Et puis quand tous ces moyens
sont à bout, un homme est criminel,
parce qu'il n'a pû faire l'impossible
& donner ce qu'il n'a point, on le
traine en prison & on l'y tient des
mois entiers, par un surcroît de perte
de biens, sçavoir, celle de son temps
& de son travail, qui est son unique
revenu, ainsi que celuy de l'Etat & du
Prince.

Voila le beau ménage de l'Argent
dans les Tributs, qui ne différe guéres
si il ne le surpasse, celui des Brigands,
puisqu'au moins dans ce dernier, ce
qui est enlevé de force demeure dans
l'Etat, & il n'y a que la justice de
blessée, au lieu que dans l'autre maniére, le tout est anéanti.

En quoy le Prince & les personnes
mêmes, lesquelles sur deux cens septiers de récoltes, n'en veulent payer
que quatre, pour en laisser contribuer

à un misérable de trente sur vingt,
prennent tout à fait le change, bâ-
tissant absolument leur mise, comme
on fera voir dans un Chapitre particulier des véritables richesses, où
l'on montrera que ces Personnes
puissantes y auroient gagné, s'ils
avoient voulu contribuer aux impôts
de cinquante septiers sur les deux cens
mentionnez, & feront même un profit
considérable quand ils en voudront
user de la sorte, & ne pas abimer un
misérable, dont le maintien faisant
toute l'opulence des riches, quoi que
ce soit la chose qu'ils conçoivent le
moins, il ne peut être détruit, sans
rendre sa perte commune à tout l'Etat

Dans les impôts qu'on tire sur les
liqueurs dans certains Etats, l'argent
sert de manteau pour le moins à d'aussi
grandes absurditez : sous cette couverture, on suppose & on exige l'impossible, sans que les suites funestes
d'une pareille conduite, puissent
presque jamais faire revenir les auteurs
de démarches si éfroyables.

On pense tranquilement en cet

article de liqueurs , que l'argent croit
dans une vigne ou dans la fûtaille , &
non pas que l'on ne pût recouvrer ce
métail que par la vente de cette denrée;
& cela seulement jusqu'à la concurrence non de ce qui s'en trouve produit
par la nature, mais qu'il faut que sur
le prix qui en provient , il y en aye
une partie qui soit sacrée , & sur
laquelle on ne puisse rien prendre sans
crime ; sçavoir , celuy qu'il a falu
pour parvenir aux frais , & sans lesquels il n'y auroit rien du tout pour
qui que ce soit au monde.

Il faut bien que cela soit , encore
une fois , & que l'on suppose ce pro-
dige , quand on demande tranquillement , & sans prétendre déroger aux
loix de la sagesse , de la prudence
& de la politique la plus consommée ,
la valeur de quarante muids de vin sur
une piéce de vigne qui n'en a produit
que trente , & celle de trois cens pin-
tes de vin sur une fûtaille qui n'en
contient que deux cens , en sorte que
l'abandon entier qu'on en peut faire
ne puisse point aquiter le Marchand ,

& qu'il faut que sa personne & ses autres biens répondent du surplus : ce qui n'est pas absolument sans exemple en quelques Contrées de l'Europe , & est un mal contre lequel on n'a point trouvé d'autre remede que de tout abandonner , c'est à-dire la denrée en question, afin d'en être quite par la perte de ce seul genre de biens ; ce qui va dans plusieurs Contrées à des centaines de millions par an : & par dessus cela, le mal se recommuniquant à toutes les autres especes par une solidité d'intérêts qu'elles ont entr'elles, fait que cette même destinée gagne à peu pres tous les autres genres de biens & voila d'où procéde ce grand dechet & cette épouventable diminution arrivée à toutes choses , tant meubles qu'immeubles dans ces mêmes Païs : l'Argent y a transgressé ses bornes naturelles d'une façon éfroyable , il a pris un prix de préférence sur toutes les autres denrées , avec lesquelles il doit être seulement en concurrence , pour conserver l'harmonie d'un Etat , c'est à-dire une opulence generale : Ce

qui fait que bien loin de fervir à faciliter le trafic & l'échange des befoins
de la vie, il en devient le tyran & le
vautour, s'en faifant immoler tous les
jours des quantitez éfroyables par un
pur anéantiffement, pour procurer
très-peu de ce métail, par raport à ce
qu'il en coûte à tout un corps d'Etat,
à des entrepreneurs qui le poffédent,
moins innocemment que des voleurs
de grands chemins, bien qu'ils ne
penfent rien moins, attendu que les
defaftres que cette aquifition caufe,
l'emportent de vingt fois fur les autres, quelques grands & quelques
violens qu'ils foient.

CHAPITRE

CHAPITRE IV.

ON a dit en général au commencement de ces Mémoires en quoy consistoit la véritable richesse sçavoir, en une joüissance entière, non seulement des besoins de la vie, mais même de tout le superflus, & de tout ce qui peut faire plaisir à la sensualité, sur laquelle la corruption du cœur invente & rafine tous les jours ; le tout néanmoins dans toutes sortes d'Etats, à proportion que l'excés du nécessaire met en pouvoir de se procurer ce qui ne l'est pas à beaucoup prés.

C'est ce qui fait que dans l'enfance ou l'innocence du monde que l'homme étoit riche par la seule joüissance des simples besoins, il n'y avoit de l'employ que pour trois ou quatre Professions ; ce qui se pratique encore en quantité de Païs mal partagez par la nature, soit du côté du terroir ou de l'esprit.　　　 B b

Mais aujourd'huy dans les Contrées, où des dispositions contraires
ont porté les choses dans l'excés en cet
article d'opulence & de volupté, il y
en a plus de deux cens, sans celles
qui s'inventent tous les jours.

Il est donc à propos d'en faire un
détail plus particulier, & de montrer
que si c'est une richesse que cette
ample possession de tout ce que l'esprit
peut découvrir au de-là du nécessaire,
c'est la situation la plus périlleuse, &
qui a le plus besoin de ménagement,
autrement il arrive que ce qui a été
institué pour faire joüir du superflus,
ne sert quand les mesures sont mal
prises, qu'à priver du nécessaire,
jettant en un instant un Etat du faite
de l'opulence, au dernier degré de
disette.

Les deux cens Professions qui
entrent aujourd'huy dans la composi-
tion d'un Etat poly & opulent; ce qui
commence aux Boulangers, & finit
aux Comédiens, ne sont pour la
plûpart d'abord apelées les unes aprés
les autres que par la volupté; mais

elles ne sont pas si-tôt introduites &
comme pris racine , que faisant aprés
cela partie de la substance d'un Etat ,
elles n'en peuvent être disjointes ou
séparées , sans altérer aussi - tôt tout
le Corps.

Elles sont toutes , & jusqu'à la
moindre ou la moins nécessaire comme l'Empereur Auguste , de qui on
disoit fort justement , qu'il ne devoit
jamais naître , ou ne devoit jamais
mourir.

Pour prouver ce raisonnement il
faut convenir d'un principe , qui est,
que toutes les Professions quelles
qu'elles soient dans une Contrée ,
travaillent les unes pour les autres , &
se maintiennent réciproquement ; non
seulement pour la fourniture de leurs
besoins , mais même pour leur propre
existance.

Aucun n'achéte la denrée de son
voisin ou le fruit de son travail qu'à
une condition de rigueur , quoi que
tacite & non exprimée ? sçavoir , que
le vendeur en fera autant de celle de
l'acheteur , ou immédiatement comme

il arrive quelquefois ; ou par la circulation de plusieurs mains ou Professions interposées, ce qui revient toûjours au même, sans quoi il se détruit la terre sous les pieds , puisque non seulement il fera perir par cette cessation , mais mé.ne il causera sa perte personnelle , le mettant par là hors d'état de retourner chez lui à l'empléte ; ce qui lui fera faire banqueroute & fermer sa boutique.

Il faut donc que ce commerce continuë sans interruption , & même à un prix qui est de rigueur , quoi que ce soit ce qu'on conçoive le moins , c'est-à dire à un taux qui rende le Marchand hors de perte , en sorte qu'il puisse continuer son Métier avec profit ; autrement c'est comme s'il ne vendoit point du tout : & périssant , il en arrivera comme dans ces vaisseaux accrochez , dont l'un met le feu aux poudres , ce qui les fait sauter tous deux.

Cependant par un aveuglement éfroyable , il n'y a point de Négociant quel qu'il soit , qui ne travaille de tout son pouvoir à déconcerter cette harmonie; ce n'est qu'à la pointe de l'épée, soit en vendant, soit en achetant, qu'elle se maintient ; & l'opulence publique qui fournit la pâture à tous les sujéts, ne subsiste que par une Providence supérieure, qui la soûtient comme elle fait fructifier les productions de la terre , n'y ayant pas un moment ny un seul marché, où il ne faille qu'elle agisse , puisqu'il n'y a pas une seule rencontre où on ne luy fasse la guerre.

Tant que les choses demeurent dans cet équilibre, il n'y a point d'autre ressource pour s'enrichir, en quelqu'état que l'on soit, que de forcer de travail & d'habilité sur son voisin, non pour le tromper, en tâchant d'avoir sa denrée à vil prix, mais pour le devancer en adresse.

Et cette émulation devenant générale par le desespoir de s'enrichir autrement, tous les Arts se perfectionnent, & l'opulence est portée au plus haut point où elle puisse être.

L'argent à qui ce Chapitre avoit

donné du repos , bien loin d'être le
tyran de la richeffe , & d'abimer toutes les denrées commé il fait dans la
fituation contraire , n'eft que le tres-
humble valet du Commerce : à peine
trouve t'il quelqu'un qui luy veüille
donner retraite , quand il fe prefente
en trop grande quantité tout à la fois
il n'y a point de denrée , pour fi
déplorée qu'elle foit , pourvû qu'elle
foit de mife, foit meuble ou immeuble
à qui on ne donne la préférence.

Comme il n'eft & ne doit être que
le gage de la tradition future , quand
elle ne s'éfectue pas fur le champ , &
qu'il ne réfide ou n'apparoit pas affez
de folvabilité dans l'acheteur, pour la
garantie par fa parole ou par fon billet
fans quoi on préféreroit cette voye au
fervice de ce métail, ne fe rencontrant
prefque perfonne qui aie befoin de
cette caution, par la valeur , foûtenuë
de toutes les denrées perfonnelles, cela
les met hors de cetté neceffité; & c'eft
alors une conféqu'ece indubitable ,
que ce métail foit remercié prefque
par tout le monde.

Ainſi étant abſolument inutile au commerce, il eſt obligé, pour ne pas demeurer à rien faire, d'offrir ſon ſervice au ménage & à la magnificence, & d'avoir recours à l'Orfévre & aux autres ouvrages, ce qui n'eſt encore que le moindre deſordre, car il eſt dans l'attente qu'on aye beſoin de lui. auquel cas il eſt toûjours preſt à bién faire, encore que ce ſecours ne puiſſe être imploré ſans que l'Etat ſoit malade; & d'une ſi épouvantable indiſpoſition, que ſi elle étoit longue, le reméde ſeroit de moindre durée que le mal, dont on connoît l'extrêmité par la recherche ou la cherté ou l'or & l'argent ſe trouvent.

Dans l'autre ſituation; ſçavoir celle de l'opulence, il eſt la derniére des denrées; & dans la diſette, il eſt non ſeulement la premiére, mais même preſque l'unique; dans le premier Etat, il n'y a que les indigens qui lui faſſent la cour, & à qui il ſoit abſolument neceſſaire, étans même ſeuls au deſeſpoir d'être dans cette ſervitude, & faiſans tous leurs éforts pour en fortir ; & dans l'autre, les plus riches en ont à peine autant qu'il leur en faut ; ce qui réduit toutes les autres conditions dans la dernière extrémité.

Cette difposition , qui eſt une maladie tres-dangereuſe dans un Etat, n'eſt cauſée que par le déconcertement du prix des denrées, qui doit être toûjours proportionné, n'y ayant que cette intelligence qui les puiſſe faire vivre enſemble , pour ſe donner à tous momens, & recevoir réciproquement la naiſſance les unes des autres.

Mais comme leur diſſention , & par conſequent la miſere , n'eſt pas une choſe fort inconuuë dans l'Europe ; il faut examiner qui a le premier commencé la querelle, & par où le deſordre s'eſt introduit.

On a dit dans ces Mémoires que ces deux cens Profeſſions qui compoſent la perfection des Etats les plus polis & les mieux partagez par la nature, ſont tous enfans des fruits de la terre, que le plus ou le moins qu'elle eſt en état d'en produire avec abondance, & de faire conſommer, ſans quoi l'excroiſſance devient inutile & même à perte, eſt ce qui leur donne naiſſance; commençant par le plus néceſſaire, comme le Boulanger & le Tailleur, & en finiſſant par le Comédien, qui eſt le dernier ouvrage du luxe, & la plus haute marque d'un excés du ſuperflus, puiſqu'il ne conſiſte qu'à flater les oreilles, & réjoüir l'eſprit par un ſimple recit des fixions, que l'on ſçait bien n'avoir jamais eu de réalité; en ſorte qu'on eſt ſi fort hors de crainte de manquer du neceſſaire, que l'on achéte avec plaiſir la repreſentation du menſonge, comme il arrive dans ces occaſions.

Ainſi quand l'état contraire, c'eſt-à-dire la miſere, vient à s'introduire, & à vouloir prendre la place de cet Etat floriſſant, c'eſt par cette Profeſſion que l'on commence la réforme, comme c'étoit par elle que l'on avoit fini l'aquiſition du ſuperflus.

Cependant comme cé n'eſt pas de ſon conſentement, puiſque ce congé

envoye ces Rois de théatre perſon-
nellement à l'Hôpital , & que ce re-
tranchement ne s'en tient pas ſinguliérement à ces gens-la , faiſant bien
d'autres progrés toûjours par degrez,
cela ne peut arriver ſans déconcerter
tout un Païs ou plûtôt toutes les Profeſſions , par les raiſons qu'on a marquées.

Ils ſont donc à plaindre , tant par
raport à eux qu'aux autres conditions,
que cela dérange & anéantit pareillement par contre-coup , attendu encore une fois , qu'il en eſt d'un genre
de metier , comme de l'Empereur Au-
guſte, qu'il ne doit jamais être reçû,
ou qu'il ne le faut jamais congedier,
l'Ouvrier du ſuperflus achetant ſon
néceſſaire celui qui lui donnoit ſa vie
à gagner, & ſoûtenant par là le prix
des denrées du Laboureur ; ce qui
ſeul le peut faire payer ſon Maître , &
mettre celui-là en pouvoir d'acheter
de cet Ouvrier.

Mais ſi quelque choſe diminuë la
pitié qu'on pouroit avoir d'eux , ou
plûtôt pour entrer dans la diſcution

de la cause de leur congé, on peut
assurer que ce sont eux mêmes qui se
le procurent, & qu'ils se creusent
tous le tombeau où ils sont enter-
rez.

On a dit, comme c'est la vérité,
que les fruits de la terre, & principalement les blez qui les mettent toutes
sur pié : Or leur production n'est ni
l'éfet du hasard, ni un présent gratuit
de la nature, c'est une suite d'un travail continuel, & de frais achetez à
prix d'argent ; cette manne primitive
& nécessaire, n'étant abondante qu'à
proportion qu'on est libéral pour n'y
rien épargner, refusant entiérement
tout, à qui ne lui veut rien donner.

Or il y a une attention à faire, qui
est, que les propriétaires des fonds,
quoy que paroissans les mieux partagez de la fortune, comme les maîtres
absolus de tous les moyens de subsistance, ne sont au contraire que les
commissionnaires & les facteurs de
toutes les autres Professions, jusqu'aux
Comédiens, & comptent avec elles
tous les jours de Clerc à Maître ; &

fi un Cordonnier ne peut vivre fans
pain, qu'il ne recüeille pas affurément
fur fes fonds qu'il ne poffède point ;
ce Poffeffeur de terre ne fçauroit marcher fans fouliers , & ainfi des autres.

Ces Propriétaires, dis-je , donnent
à chaque moment un memoire des
frais débourfez pour cultiver les
fonds , dont les Métiers d'induftrie
font foûtenus & nouris , fi leur dépenfe eft alloüée , comme il arrive
lorfque les blez font à un prix qui
puiffe fupporter fes frais avec des appointemens honnêtes pour le Facteur,
le ménage continüé , & chacun vit
tranquilement dans fa Profeffion, fans
que qui que ce foit fonge à prendre
congé l'un de l'autre.

Mais fi par malheur le contraire
arrive , & que l'abaiffement du prix
des grains (ce qui n'eft pas prefentement inconnu dans l'Europe) ne
puiffe atteindre aux frais de la culture , lefquels une fois contractez ne
baiffent jamais tout à coup comme
font les blez , ne pouvant alors dé-
dommager

dommager le Pourvoyeur de fa dépenfe faite , ainfi que fatisfaire au
payement de fes apointemens ; il n'eft
non plus en état de continuer à nourir
tout un Peuple , que les Boulangers
d'une Ville qu'on obligeroit de tenir
leurs boutiques fournies, ayant le prix
du pain au deffous de celui des
grains.

Voila la caufe du defordre & le
principe de la querelle qui augmentant toûjours à la longue, comme une
plote de neige ou comme un chan-
cre , forme une extrême mifere au
milieu de l'abondance de toutes chofes.

Un Comédien fe réjoüit ainfi que
tous ces autres , c'eft-à-dire tous les
Métiers, d'avoir par une grace fpe-
ciale du Ciel , à ce qu'il croit, le pain
à tres-grand marché , & que pour un
fol il en recouvre autant qu'il en
peut confommer en toute fa journée , s'il lui en faloit pour deux fols,
il ne feroit pas dans cette joye.

Mais il ne voit pas , le malheureux
qu'il eft, ainfi que l'on a dit , qu'il fe

creuſe ſon tombeau, & que le Facteur
& le Propriétaire des fonds n'étant
plus payé de ſes frais & de ſes apointemens par ſon Fermier, avec qui il
ne forme qu'un intérêt, eſt obligé
de ſe retrancher, & commençant par
le ſuperflus, le Comédien ſe trouve
à la tête, & ceſſera par là de gagner
un écu par jour, parce qu'il a voulu
&, s'eſt réjoüi de gagner un ſol ſur
ſon pain.

Ce qui eſt de merveilleux eſt qu'a-
prés cela l'un & l'autre, tant le Comédien que celui qui alloit à ce ſpecta-
cle, joüent à qui pis, faire, & à qui
s'entredétruira le plûtôt, en penſant
ſe ſauver réciproquement. Comme
les biens ne viennent pas tout d'un
coup ainſi que leur joüiſſance, & que
tout ſe fait par degrez, on peut dire
qu'ils en uſent de même dans leur dé-
cadence, s'en retournant pareillement
par gradation.

Un homme qui alloit autrefois tous
les jours à la Comédie dans le tems
de ſon opulence, c'eſt à-dire que
ſes Fermiers, par la vente de leur

denrées aux Comédiens même , le
payoient ponctuellement , y trouvant
de la diminution par quelque cause
violente , & telle qu'on a marqué ci-
devant , sçavoir , celles qui anéantis-
sent cent fois autant de biens qu'elles
font recevoir d'argent sur le champ
à l'entrepreneur , expérimentant , dis-
je , ce déchet , se retranche à n'y aller
plus que trois fois la semaine , pour
compenser par la diminution de sa
dépense celle qu'il lui arrive dans sa
recette.

' Le Comédien de son côté , qui est
atteint du même mal , en fait tout autant de sa part ; & s'il mangeoit de la
viande , & même de la volaille tous
les jours , il retranche pareillement
son ordinaire , & se réduit à ne faire
semblablement bonne chére que la
moitié du tems ; par où outre l'avilissement du prix des grains , le Fermier de celui qui alloit à la Comédie,
& qui est Marchand de bestiaux, reçoit
un surcroît de difficulté de payer son
Maître, & celui-ci de faire subsister le
Comédien ; & l'extravagance est , de

mettre ce déconcertement fur le compte du manque d'efpéces, comme fi l'on étoit au Perou, où prenant naiffance, elles font le feul & unique principe de fubfiftance.

Et cette manœuvre continuë jufqu'à ce qu'ils ayent pris réciproquement tout à fait congé l'un de l'autre, ce qui eft abfolument la ruine d'un Etat & d'un Prince plus que de qui que ce foit, comme on l'expliquera dans le Chapitre de l'intereft des Souverains.

C'eft le même raifonnement de toutes les autres Profeffions, qui ne font toutes miferables que par la même conduite & les mêmes circonftances.

Mais ce qu'il y a de plus étonnant eft, que l'aviliffement du prix des grains, qui tient certainement la premiére place dans la defolation publique, eft regardé au contraire comme le confervateur de l'utilité generale.

L'on ne fe croit pouvoir garantir des horreurs de la difette, qu'en fe jettant dans la fituation toute opofée,

qui n'eſt pas moins préjudiciable à un
Etat , puiſqu'il eſt conſtant que toutes les extrêmitez , ou plûtôt tous les
excés , ſont également dommageables,
quoi que toûjours diamétralement op-
poſéz.

En effet , vouloir que les grains
ſoient à ſi bas prix qu'ils ne puiſſent
atteindre aux frais de la culture , ni
faire payer le Propriétaire ; en ſorte
qu'il ne ſoit point en état de donner du travail aux Ouvriers qui n'ont
d'autre moyen de ſubſiſter ; c'eſt comme ſi on banniſſoit l'entier uſage des
liqueurs , même pour faire revenir un
homme d'une foibleſſe , parce qu'on
en a vû quantité qui en avoient tant
pris qu'ils en avoient perdu la raiſon,
& même aſſez ſouvent la vie.

Mais c'eſt aſſez parler des richeſſes,
il faut venir preſentement à la miſere,
quoi que l'explication de l'une faſſe
le portrait de l'autre.

CHAP. CINQUIE'ME.

Tout le monde sçait ce que c'est que d'être miserable, puisque chacun travaille depuis le matin jusqu'au soir pour ne le point devenir, à moins que les passions ne l'aveuglent, ou pour cesser de l'être s'il est assez malheureux pour se trouver dans cette situation.

Tous donc ont cette disposition en particulier, mais pas un n'a jamais étendu ses vûës jusqu'au general, bien qu'on ne puisse nullement être riche d'une façon permanente, & le Prince plus que les autres, que par l'opulence publique, & jamais qui que ce soit ne joüira aisement & long-tems de pain, de vin, de viande, d'habits, & même de magnificence la plus superfluë, tant qu'il n'y en aura pas dans le Païs, & même avec abondance, autrement ses fonds deviendront à rien, & son argent s'en ira sans pouvoir retourner.

Aucun n'eſt ſon propre Ouvrier de toutes ces choſes en général ; perſonne même , quelque riche qu'il ſoit, n'a point de domaine aſſez étendu, pour qu'elles croiſſent toutes à beaucoup prés ſur ſes fonds.

Il n'y a pareillement qui que ce ſoit , qui en poſſédant ſinguliérement & uniquement la plus précieuſe pour la valeur , qui ne fût tres-miſerable, ſi l'exeedent de ce qu'il en a de trop, ne ſe pouvoit échanger pour recouvrer celles qui lui manquent , en tirant ceux avec qui il traite d'une pareille facheuſe diſpoſition de conſommer dix fois plus d'une choſe qu'il ne leur eſt neceſſaire , & d'être obligez de ſe paſſer des autres.

Comme la richeſſe donc n'eſt que ce mêlange continuel, tant d'homme, à homme, de Métier à Métier , que de Contrée à Côtrée,& même de Royaume à Royaume ; c'eſt un aveuglement éfroyable d'aller chercher ailleurs la cauſe de la miſere que dans la ceſſation d'un pareil commerce , arrivé par le dérangement de proportion de prix.

qui n'eſt pas moins eſſentielle à leur maintien que leur propre conſtruction.

Tous l'entretiennent nuit & jour par leur intereſt particulier, & forment en même tems ; quoi que ce ſoit à quoi ils ſongent le moins, le bien general, de qui malgré qu'ils en ayent ils doivent toûjours attendre leur utilité ſinguliére.

Il faut une police pour faire obſerver la concorde & les loix de la juſtice parmi un ſi grand nombre d'hommes, qui ne cherchent qu'à la détruire, & qu'à ſe tromper & à ſe ſurprendre depuis le matin juſqu'au ſoir, & qui aſpirent continuellement à ſe procurer de l'opulence ſur la deſtruction de leur voiſin.

Mais c'eſt à la nature ſeule, à y mettre cet ordre, & à entretenir la paix, tout autre autorité gâte tout en voulant s'en mêler, quelque bien intentionnée qu'elle ſoit.

La nature même j'alouſe de ſes operations, ſe vange auſſi-tôt par un déconcertement general, du moment qu'elle voit que par un mêlange étranger , on se défie de ses lumiéres , & de la sagesse de ses operations.

Sa premiére intention est, que tous les hommes vivent commodément de leur travail , ou de celui de leurs ancêtres ; en un mot , elle a établi qu'il faut que chaque Métier nourisse son maître , ou qu'il doit fermer sa boutique, & chercher où s'en procurer un autre ; elle aime autant les hommes qu'elle fait les bêtes , cependant elle n'en met pas une au monde , qu'elle ne l'assure à même tems de sa pitance, elle en fait autant aux hommes par tout où l'on s'en raporte à elle.

Ainsi afin que ce dessein soit effectué , il est necessaire que chacun, tant en vendant qu'en achetant , trouve également son compte , c'est à dire que le profit soit justement partagé entre l'une & l'autre de ces deux situations.

Cependant on ne chicanne tant, comme l'on voit dans toutes sortes de marchez avant que de les conclure, qu'afin de donner atteinte à cette régle de justice : aucun des Commer-

çans , soit en gros ou en détail , voudroit que le profit du marché , au lieu
d'être partagé comme cela doit être,
fût pour lui seul , en dût il coûter
tous les biens & même la vie à son
compatriote.

Car de songer que c'est la ruine
d'un Etat , de même que si le trafic
se faisoit avec de faux poids ou de
fausses mesures , c'est de quoi qui que
ce soit ne s'embarrassa jamais l'esprit ;
quoi qu'on puisse fort bien appliquer
la maxime de l'Evangile à cette conduite, qui porte, *que de la même régle
qu'on mesure autres , on sera soy-même
mesuré* ; de même on a voulu avoir
la denrée de son voisin à perte , on
sera obligé de donner la sienne de la
même façon , par les causes que l'on
a marquées.

La nature donc ou la providence,
peuvent seules faire observer cette justi
ce, pourvû encore une fois que qui que
ce soit qu'elles ne s'en mêlent ; & voici comme elles s'en aquitent. Elles
établissent d'abord une égale nécessité
de vendre & d'acheter dans toutes

sortes de trafics ; de façon que le seul
desir de profit soit l'ame de tous les
marchez, tant dans le vendeur que dans
l'acheteur ; c'est à l'aide de cet équilibre & de cette balance , que l'un &
l'autre sont également forcez d'entendre raison , & de s'y mettre.

La moindre dérogeance , sans qu'il
importe dans lequel des deux , gate
aussi-tôt tout ; & pourvû que l'un
s'en aperçoive , il fait aussi-tôt capi-
tuler l'autre, & le veut avoir à discre-
tion ; & s'il ne lui tire pas l'ame du
corps, ce n'est pas manqne de bonne
volonté ; puisqu'il ne tiendroit pas à
lui qu'il n'en usât comme dans les
Villes pressées par un long Siége , où
l'on achéte le pain cent fois le prix
ordinere, parce qu'il y va de la vie.

Tant, encore une fois, qu'on laisse
la nature , on ne doit rien craindre
de pareil , ainsi ce n'est que parce que
l'on l'a déconcerte , & qu'on derange
tous les jours ses opérations , que le
malheur arrive.

On a dit , & on le repete encore,
qu'afin que cette heureuse situation

subsiste, il faut que toutes choses &
toutes les denrées soient continuellement dans un équilibre, & conservent un prix de proportion, par raport entr'elles, & aux frais qu'il a falu
faire pour les établir.

Or on sçait que du moment que
ce qui est en équilibre, comme dans
une balance, reçoit le moindre surcroît
en un des côtez, incontinent l'autre est
emporté aussi haut, que s'il n'y avoit
rien du tout.

Il en arrive de même dans toute
sorte de commerce, c'est tout ce que
peut faire une marchandise, de se défendre de l'oppression de l'autre,
quand même il n'arriveroit aucun
secours étranger à son ennemi ; mais
du moment que cela advient, comme il n'est que trop connû, on peut
dire aussi-tôt que tout est perdu, tant
celui qui profite du malheur d'autrui
que le sujet qui le souffre.

On éprouve ce sort de deux maniéres ; sçavoir, quand le Marchand
ou sa denrée sont atteints subitement
de quelque coup violent & imprévû,

ce

ce qui est égal & produit le même éfet.

Voici comme la chose se passe, lorsque c'est le Marchand, soit vendeur ou acheteur : on a dit que pour maintenir cet équilibre, unique conservateur de l'opulence générale, il faut qu'il y ait toûjours une partie égale de vente & d'achats, & une semblable obligation ou nécessité de faire l'un ou l'autre, sans quoi tout est perdu.

Or du moment qu'un nombre considérable d'acheteurs ou de vendeurs sont mis dans la nécessité d'acheter moins ou de vendre plus vîte, pour satisfaire à quelque demande inopinée ou s'abstenir de dépenser par la même raison ; Voila aussi tôt la denrée à rebut, ou manque d'acheteurs, ou parce qu'il faut la jetter à la tête ; ce qui n'arrive jamais sans ruiner le Marchand, parce qu'alors les gens avec qui on contracte s'éjouïssant du malheur de leur voisin, croyent avoir gagné le jeu de s'enrichir de sa ruine, ne voyant pas, comme on a dit, que c'est leur propre tombeau qu'ils construisent.

D d

Et il suffit que cette destinée arrive à
une partie pour empoisonner tout le
reste ; parce que cette parcelle de dé-
côcertement, est un levain contagieux
qui corrompt toute la masse d'un Etat,
par la solidité d'interest que toutes
choses ont les unes avec les autres,
ainsi que l'on a montré.

Si c'est la denrée personnellement
qui est attaquée par une atteinte particuliére, & qui étant donnée précé-
demment à un prix courant avec profit
du Marchand, a besoin d'une hausse
par celle qu'elle a reçûë innopiné-
ment, comme un nouveau tribut,
pour rendre le vendeur hors do perte ;
& l'acheteur n'en voulant point entendre parler, la nécessité de vendre
où est le Marchand pour subsister
journellement, l'oblige de sacrifier sa
ruine future au temps courant.

L'acheteur ne songe à rien moins,
qu'à faire réflexion, que tout vendeur
n'est que le commissionnaire de l'a-
cheteur, & qu'il doit compter avec
lui de clerc à maître, comme un
Facteur avec un Négociant, luy

alloüant tous ſes frais juſtement dé-
bouriez , & lui payant le prix de ſon
travail , autrement plus de travail , &
par conſéquent plus de profit pour le
maitre,

Cette juſtice , qui étant de droit
naturel , doit être obſervée dans le
commerce ſingulier des moindres denrées , à faute de quoi elles ſe détruiſent
les une les autres , eſt d'obligation
indiſpenſable dans le trafic des grains
avec tout le reſte , parce que donnant
naiſſance à tous les beſoins de la vie ,
en quelque nombre qu'ils ſoient , ils
les joüent tous but à but ; mais il faut
que ce ſoit à armes égales ; autrement
par les raiſons marquées , l'une a
bien-tôt terraſſé l'autre ; ce qui eſt la
mort incontinent de tous les deux ,
comme il n'eſt que trop connu, & que
l'on a fait voir.

Cependant par un malheur effroyable , c'eſt où le déconcertement ſe
rencontre le plus ordinaire , bien qu'il
n'en eſt pas dans cet article comme
dans tous les autres qui ſe trouvent
preſque tous ouvrages de main

d'homme , & par conséquent plus
su.ets à leurs loix.

Mais dans celuy-cy , la nature y
ayant la principale & presque l'unique
part , la prévoyance & la sagesse, pour
en faire la dispensation , est son
unique affaire , & un ministére étranger ne s'en sçauroit mêler en nul en-
endroit du monde , sans tout gâter ,
comme l'on a déja dit.

Elle aime également tous les hommes , & les veut pareillement sans
distinction faire subsister : Or comme
dans cette manne de grains elle n'est
pas toûjours aussi libérale dans une
Contrée qu'elle l'est dans une autre ,
& qu'elle les donne avec profusion
dans un Païs , & même dans un
Royaume ; pendant qu'elle en prive
un autre presque tout à fait , elle entend que par un secours mutuel , il
s'en faffe une compensation pour
l'utilité réciproque ; & que par un
mélange de ces deux extrêmitez de
cherté extraordinaire , ou d'avilissement de Grains , il en résulte un tout,
qui forme l'opulence publique , qui

n'eſt autre choſe que le maintien de
cét équilibre ſi eſſentiel , ou plûtôt
l'unique principe de la richeſſe , quoi
que trésinconnu aux perſonnes qui
n'ont que de la ſpéculation.

C'eſt ſur quoi elle ne connoît ni
différens Etats , ni divers Souverains,
ne s'embarraſſant pas non plus s'ils
ſont amis ou enemis , ni s'ils ſe font
la guerre , pourvû qu'ils ne la lui
déclarent pas ; ce qui arrivant , quoi
que par une pure ignorance , elle ne
tarde guéres à punir la rebellion , que
l'on fait à ſes loix , comme l'on a que
trop fait expérience.

Et cela eſt ſi vrai que dans l'Empire
Romain , où preſque toute la Terre
connuë , ne reconnoiſſoit qu'une domination , & où par conſéquent cette
diverſité de Souverainetez , ne mettoit
aucun Prince dans ce prétendu & fatal
intéteſt de ſe révolter contre les loix
de la nature , à l'égard des grains ; la
différence d'un ſort contraire à celui
tant de fois éprouvé dans l'Europe
depuis ces derniers temps , que l'on
n'a pas voulu s'en rapporter à elle ,

est attestée autentiquement par Séné-
que le Philosophe , dans ses écrits.

Il marque en termes formels , que
jamais la nature , de son temps , quoi
qu'il fût fort âgé , ni dans l'antiquité ,
dont il avoit une parfaite connoissance , n'avoit refusé , même dans sa plus
grande colére, le nécessaire aux hommes pour leur subsistance : si il avoit
vécu dans ces derniers temps , il n'auroit pas assurément parlé de la sorte.

Les Peuples barbares , qui n'ont
d'autres loix ni d'autres livres que
cette même nature , que l'on a connus
dans ces derniers siécles , & que l'on
découvre même tous les jours , sont
encore une preuve vivante & aussi
certaine de cette vérité.

La nature leur conductrice, ne leur
fait pas à la vérité , dans quelques
particuliers , des repas aussi magnifiques ni aussi delicats que dans les Païs-
polis , & par conséquent rebélles ;
mais en général , il s'en faut beaucoup
qu'elle leur en procure d'aussi mauvais
en sorte que , tout compensé , il y a à
dire du tout au tout entre ces deux
dispositions.

On' s'eſt étendu ſur cet article ,
parce que la dérogeance à cette loi
qui devroit être ſacrée, eſt la premiére
& la principale cauſe de la miſére publique , attendu que l'obſervation en
eſt plus ignorée.

L'équilibre entre toutes les denrées, unique conſervateur de l'opulence génerale, en reçoit les plus cruelles
atteintes ; en ſorte que ſi on voit un
Royaume tout rempli de biens , pendant que les Peuples en manquent
tout à fait , il n'en faut point aller
chercher la cauſe ailleurs : Celui-cy
périt, parce que ſes caves ſont pleines
de vin , & qu'il manque du reſte ; cet
autre ſe trouve dans la même diſpoſition à l'égard de ſes grains ; & enfin
tout le reſte vivant d'induſtrie de pain
& des liqueurs par le fruit de ſon travail , dont le défaut jette également
les poſſeſſeurs de ces mannes dans la
même miſére , de ne pouvoir en
échanger une partie contre leurs autres beſoins , comme des habits , des
ſouliers & le reſte.

Si on demande à chacun de ces

particuliers la raison de leur misére, ils répondent tranquillement, qu'ils ne peuvent rien vendre à moins que ce ne soit à perte, ne prenant garde qu'ils ne sont dans cette malheureuse situation, que parce qu'ils prétendent exiger cette régle des autres, & ne la pas recevoir pour eux.

Un Cordonnier veut vendre ses souliers quatre francs, si le prix a été é une fois à ce taux, il n'en démordera jamais d'un sol, à moins que ce ne soit pour faire banqueroute, & veut néanmoins avoir le blé du Laboureur pour le prix que l'abondance, jointe à une défence de l'envoyer au dehors, le force de le donner, c'est à dire pour moins qu'il ne luy a coûté à faire venir, & ainsi de tous les autres.

Sans que ce malheureux Cordonnier prenne jamais garde qu'il se bâtit sa ruine, parce que ce Laboureur est par là mis hors d'état de payer son Maitre, & celui-ci par conséquent hors de pouvoir d'acheter des souliers du Cordonnier, ainsi en vûë de deux ou trois fois par jour que ce

dernier gagne sur le pain de sa famille,
il se met à l'Hôpital lui & tous les
siens.

Or ce seroit une pure extravagance
de prétendre lui faire entendre raison
là-dessus, en lui representant que le
prix de quatre francs avoit été contracté par ces souliers, parce que les
Grains étoient à un taux proportionné
en sorte que l'un & l'autre des commerçans pouvoient trafiquer avec
profit, mais que presentement l'un
aiant baissé, il faut que l'autre en fasse
de même.

Une journée qu'il a devant soi de
moindre obligation de vendre, que le
Laboureur qui est poussé par l'Impost,
ou par le Maitre, fait qu'il se mocque
de ces raisons ; & tout son chagrin est
de n'avoir pas encor le Grain à meilleur marché, & est assez sot pour en
ben'r Dieu, qui n'est point assurément
auteur de cette situation, parce qu'il
ne l'est jamais du mal, qu'il ne fait
que permettre ; mais ce sont ceux qui
lui procurent par ignorance une si
fatale félicité.

Quoi que cette erreur à l'égard des Grains, fût plus que suffisante pour déconcerter l'équilibre unique conservateur du commerce, & par conséquent de l'opulence publique, elle reçoit encore une grande aide dans les ateintes particuliéres que l'on donne tous les jours, singulierement tant aux personnes qu'aux denrées, sur lesquelles les Liqueurs en quelques Païs en ont assurément pris plus que leur part; puisque c'est là, plus que partout ailleurs, où ces deux extrêmitez d'excés & disette exercent plus violemment leur empire.

En sorte qu'une si grande combinaison de causes desolantes se rencontrant ensemble, bien que ce fût assez d'une seule pour ruiner tout un Royame, sçavoir tant à l'égard des Grains & des Liqueurs, qu'autres Denrées marquées; on ne doit pas s'étonner de voir habiter ensemble deux choses si contraires, c'est-à-dire une si grande abondance jointe à une si extrême misere.

Mais comme si ce n'étoit pas assez

pour tout abîmer , il en vient encore
en fur tout une derniére diĉtée en
quelque façon par l'injuſtice même,
puiſque c'eſt une derogeance continuelle à cette vertu dans la répartition
des Impôts.

Un homme riche croit avoir tout
gagné , quand au lieu d'en prendre
ſa part , par rapport à ſon opulence,
il en accable tout à fait un malheureux , batiſſant ſa ruine entiére ſans
s'en appercevoir.

Il déclare par là qu'il prétend être
ſeul habitant du monde , & unique
poſſeſſeur des fonds & de l'argent ;
ce qui le jette dans la même ſituation des premiers habitans de la terre,
à proportion que cette conduite a un
malheureux ſuccés , & il poſſede tout,
ſans pouvoir joüir de rien.

Il y a là-deſſus une attention à faire , à laquelle preſque qui que ce ſoit
n'a jamais reflechi, qui eſt, que l'opulence conſiſtant dans le maintien de
toutes les Profeſſions d'un Royaume
poli & magnifique , qui ſe ſoûtien-
nent , & ſe font marcher reciproque-

ment comme les pièces d'une horloge ; toutes, à beaucoup prés , ne font pas l'épreuve de femblables atteintes.

Celles qui font étaillies de longue main , ainfi que les Particuliers qui les profeffent , ne fe trouvent pas abfolument déconcertées par la furvenuë de quelqu'orage , quand il n'eft pas de la derniére violence.

Quelques-uns, & même plufieurs, trouvent dans le paffé des reffources qui aident au prefent , & même à l'avenir ; mais il n'en va pas de même, à beaucoup prés , d'une infinité d'autres , c'eft-à dire , des malheureux à qui la mifere tenant continuellement le coûteau à la gorge ; c'eft tout ce qu'ils peuvent faire en travaillant nuit & jour ; que de s'empêcher de perir : il n'y a continuellement qu'un filet de diftance entre leur fubfiftance même affez frugale,& leur deftruction entiere.

Tout roule affez fouvent fur un écu , lequel par un renouvellement continuel , leur en produit pour l'ordinaire la confommation de cent pendant

dant le cours de l'année.

Que s'ils en sont privez par un coup inopiné , adieu les cent écus de confommation pour l'Etat , ce qui se rencontrant en une infinité de fujets, on voit par là la perte qui en revient à la maffe , laquelle feule, malgré l'erreur des riches , eft ce qui leur doit procurer leur opulence , au fol la livre du debit qui fe fait , pendant que cet écu enlevé à un homme puiffant, n'auroit jamais été qu'un écu , tant à l'égard du particulier , que de tout le Corps de l'Etat.

On ne doit pas donc s'étonner que le Païs , où l'affemblage de tant de dérangemens fe rencontrent tout à la fois , foit & paroiffe miferable dans l'abondance de toutes chofes , & qu'il foit comme un Tantale qui perit de foif au milieu des eaux.

Ce n'eft point affurément par la faute de la nature , qui a faitplus que fon devoir ; c'eft parce que non feulement on ne s'en eft pas rapporté le à fes operations , mais que même on les a combatuës à toute outrance.

E e

On a regardé ſes preſons comme
du fumier ; l'idée & l'uſage criminel
qu'on s'eſt fait de l'argent ; eſt cauſe
qu'on lui a ſacrifié pour cent fois autant de Denrées les plus néceſſaires à
la vie, que l'on recevoit de ce fatal
métail, qui n'étant introduit (ainſi qu'on a marqué) que pour faciliter le commerce & l'échange ; eſt
devenu le bourreau de toutes choſes ;
parce qu'aucune n'a le pouvoir comme lui, de ſervir & de couvrir les
crimes, ſoit en acquerant ou en dé-
penſant.

Cet état de miſere ayant donc fait
un Dieu de ce qui n'étoit qu'un
eſclave dans la ſituation contraire, ſavoir dans la richeſſe : Il faut voir avec
quelle tyrannie il exerce ſa puiſſance,
& quel honteux hommage il fait rendre à ſa divinité.

Premiérement, il lui faut faire ſa-
tisfaction du paſſé ; & l'outrage qu'il
prétend avoir reçu de la concurrance,
& même de la préference que l'on
avoit donnée à un morceau de papier,
& même à la ſimple parole ; ſur un

métail si précieux , doit être solem-
nellement expié par le feu, où tons ses
concurrens doivent être jettez à fort
peu près, avec promesse de ne s'en plus
servir à l'avenir.

Ceci n'est point un jeu , mais une
verité certaine ; connuë de tous les
Négocians.

L'ame qui vivifie ces Billets ou cet
Argent en papier , est la solvabilité
connuë du Tireur ; comme celle-cy
ne roule absolument que sur la valeur
courante de ce qu'il possede , soit
meubles ou immeubles , or l'un &
l'autre étant écrasez , à tous momens
par des coups inopiniez , non seulement cette monnoye qui faisoit
vingt & trente fois plus de commerce
que l'argent , est mise au billon ;
mais même toutes les fabriques en
sont anéanties , & il faut de ce métail
en personne par tout , ou bien c'est
une nécessité de perir.

On peut bien suposer qu'une si
grande survenuë de fonctions , à une
chose qui étoit auparavant presque
entiérement inutile, au moins pour la

subſiſtance honnête & neceſſaire de la vie, le met en état de ſe bien faire valoir, & de ne paſſer entre les mains de qui que ce ſoit, qu'à bonnes enſeignes.

C'eſt auſſi à quoi l'argent ne manque pas, au lieu, comme auparavant, qu'il ne trouvoit perſonne qui voulût de ſon ſervice pour plus que ſes dépens ; non ſeulement il ſe fait doubler & tripler ſes apointemens précedens, mais même il veut ſouvent avoir tout le vaillant d'un homme pour entrer chez lui, encore que quelque tems auparavant il ſe fût crû tres-redevable de n'avoir que le ſimple couvert. Or cette hauſſe de gages ou interêts effroyables, eſt la mort & la ruïne d'un Etat, comme il le ſeroit d'un Particulier, n'y ayant nulle difference, quoi que nul homme n'y faſſe réflexion.

Dans les tems d'opulence, il n'étoit pas ſitôt admis en un lieu, que l'on ſongeoit à l'en déloger. & il étoit accoûtumé, ſans s'étonner, à faire quelquefois plus de cent logis dans

une même journée, c'est-à-dire, cent
fois autant de confommation, & par
confequent de revenu qu'il en produit dans les tems de mifere ; fans
parler de fes conforts, fçavoir le papier & le credit, qui en faifoient vingt
fois plus que lui, & qui perdent leur
vertu du moment qu'il n'y a plus que
l'argent qui en aye ; cependant on a
l'aveuglement de publier contre verité, qu'il n'y a plus d'efpéces.

Mais dans l'autre fituation, il marche à pas de tortuë; & la grande furvenuë de befogne ne fert qu'à le faire
aller plus lentement, devenant paralitique par tout où il met le pied, & s'il
faut des machines épouvantables pour
l'en déloger, & encore le plus fouvent
c'eft peine & tems perdu.

Mille raifons autrefois , dont la
moindre auroit été fuffifante pour le
faire mettre dehors, font inutiles le
plus fouvent , pour en obtenir le
moindre mouvement ; ce qui ne diffe-
re guere d'une banqueroute generale,
mettant tout le monde fur le qui vive,
& faifant prendre à toute heure, des

lettres d'atermoyement.

La vie que le possesseur croit uniquement attachée à sa garde, fait qu'il en défend la possession, comme il en useroit à l'égard de sa propre personne, si on venoit pour l'assassiner : On se retranche à moins dépenser, qui est un rangrégement de mal qui augmente la misere, & par consequent la rareté de l'argent.

On sçait qu'alors les plus grandes violences, & même les crimes, sont excusables ; on en use même, & on croit le pouvoir faire innocemment dans ces tems fâcheux à l'égard de la garde de l'argent.

Dans un Païs opulent par lui même il ne doit pas naturellement former plus de la milliéme partie des facultez, en lui supposant toute sa valeur ordinaire ; mais dans ce déconcertement, lui seul est, & s'apelle richesse, tout le reste n'est que de la poussiére.

Il y avoit peu de fausses Divinitez dans l'Antiquité ausquelles on sacrifiât generalement toutes choses ; on immoloit aux unes des bêtes, aux autres des fruits & des liqueurs, & dans le plus grand aveuglement, la vie de quelque malheureux.

Mais l'argent en use bien plus tyranniquement; on brûle continuellement à son autel non-routes ces denrées, dont il est en quelque maniére rebuté, il lui faut des immeubles, si l'on veut captiver sa bien-veillance, encore faut-il que ce soit les plus specieux, les plus grandes terres : les Dignitez autrefois du plus grand prix, & même les Contrées entiéres ne lui font pas trop bonnes, ou plûtôt ne font qu'aiguiser son apétit : & pour les victimes d'hommes, jamais tous-les fleaux, dans leur plus-forte union & leur plus grande colere n'en détruisirent un si grand nombre, que cet idole d'argent s'en fait immoler : car premiérement ces marques de l'ire du Ciel n'ont qu'une courte durée, aprés quoi un Païs défollé se rétablit quelquefois mieux que jamais, mais ce Dieu devorant ne s'attache jamais à son sujet comme le feu materiel, que pour le devorer : les premiéres ma-

tiéres redoublent son ardeur, pour
consumer le reste, & l'aneantissement
de biens éfroyables qu'il cause incom-
modant les plus riches, fait que la
cottepart de ce dechet sur les miserables est la suprossion de leur nécef-
saire, dont qui que ce soit ne peut
être privé sans le deperissement entier
du sujet, ce qui n'est que trop connu.
Aprés cela les hommes ne sont-ils pas
sans comparaison comme les bêtes,
& sur tout les chevaux ? Qui seroit
travailler continuellement un cheval,
sans lui donner que le quart de sa
nouriture necessaire, n'en verroit-il
pas incontinent la fin ? Or des hommes à qui il faut une peine continuelle, & suer sang & eau pour subsister, sans autre aliment que du pain &
de l'eau, au milieu d'un Païs d'a-
bondance, peuvent-ils esperer une
longue vie, ou plûtôt ne perissent-ils
pas tous à la moitié de leur course,
sans compter ceux que la misere de
leurs parens empéche de sortir de
l'enfance, étans comme étoufez
au berceau, ce Dieu ou ce Vau-

tour l'Argent, les devorant à tout âge
& en toutes sortes d'états.

Voilà la description, la cause & les
éfets de la misere, lorsqu'elle paroît
dans un Païs, qui devroit être riche
par la destination de la nature, & qui
le seroit même si on lui laissoit ache-
ver son ouvrage, comme elle l'a com-
mencé ; elle est même si bien-faisan-
te, qu'elle est toûjours disposée à ré-
parer le desordre au moindre signe
qu'on lui fera ; mais ce ne peut être
qu'en quittant le faux culte de ce métail son ennemi, ou pour mieux dire
celui des hommes.

Il ne faut pas que l'esclave devienne
le maître, ou plûtôt le tyran & l'i-
dole ; c'est à la nature qui produit
ses faveurs à les départir, autrement
elle prend son congé, ce qui ne diffe-
re point d'un boulversement general ;
& les particuliers qui croyent faire
leur fortune, & la font même appa-
remment dans une détoure si univer-
selle, en pêchant, comme l'on dit,
en eau trouble, ne montent si haut
qu'afin que leur chûte les blesse davantage.

La nature qui les voit courir devant elle, sans faire semblant de les
apercevoir, ne les oubliera pas à la fin
dans sa vengeance; le crédit qu'elle
leur fait leur sera cher vendu, puisqu'ils ne seront jamais que des miséra-
bles lorsqu'ils croiront pouvoir seuls
être riches.

L'interest que tous les hommes ont
en particulier de combatre une pareille
situation, & d'en sortir lorsqu'ils s'y
trouvent malheureusement envelopez,
est augmenté dans les Princes à proportion de leur élévation, qui n'est
absolument autre au sol la livre que
celle de tous leurs sujets en general,
& c'est ce que l'on fera voir dans le
Chapitre suivant.

CHAPITRE SIXIE'ME.

LES Princes dans les Etats desquels se passe ce dérangement, ou plûtôt ce boulversement de la nature de l'argent qui met tout en combustion, & en quelque maniére res pierre rés terre, sont constamment les plus malheureux.

Comme cela ne se peut operer & ne s'opere pas même que par des interêts indirects, qui n'ont pas un droit naturel à la chose, les Sujets se mettent peu en peine de ce que doit coûter à tout un corps d'Etat un bien qu'ils n'auroient pû jamais aquerir d'une façon légitime.

Mais il s'en faut beaucoup que l'on doive faire le même raisonnement des Souverains; non seulement ils n'ont pas besoin de crime pour aquerir & subsister, leur maintien étant de droit divin & humain, mais même toutes les pertes que les particuliers souffrent

on plûtôt tout le corps d'Etat, pour
former par une infinité d'enéantissé-
mens ces précis criminels, retombent
sur leur propre personne.

Ils sont les premiers propriétaires &
les possesseurs éminens, en termes de
Philosophe, de tous les fonds, & sont
riches ou pauvres à proportion qu'ils
sont en valeur.

C'est de la part qu'on leur fait des
fruits, qu'ils soûtiennent leurs grandeur, & entretiennent leur armées, &
non pas de la destruction de toutes
ces choses, comme l'on a malheureusement pratiqué en quelques Contrées.

Ainsi un Ecu à leur égard, ne vaut
jamais qu'autant qu'eux ou ceux qui
sont à leur solde s'en peuvent procurer
de pain, de vin & des autres denrées;
& sans les incommoditez du transport
ils seroient tous disposez à donner la
préference à ces choses en essence,
pour lesquelles seules ils veulent
avoir de l'argent, & sçavent bien
pareillement que leurs sujets ne leur
en peuvent donner que par le debit
de ces mêmes denrées.

Le

» Le crime donc & les aneantissemens
de fruits ne leur étant pas nécessaires
pour recevoir de l'argent, ny n'en
voulant point faire non plus un usage
criminel, il s'en faut beaucoup que
ce Métail soit ou doive être un Idole
chez eux, comme il est chez des Sujets
qui n'ont point d'autre ressource que
le crime pour finir leur misere, & à
qui encore une fois les horreurs géné-
rales sont fort indifférentes, quand
elles font leur fortune particuliére.

Ce n'est donc ny leurs interêts ny
leur volonté que les terres démeurent
en friche, les fruits les plus précieux
à l'abandon, par l'avilissement où ils
se trouvent dans des Contrées, pendant que d'autres en manquent tout à
fait, qui souffrent le même sort à l'é-
gard d'autres denrées singuliéres,
qu'elles eussent données en contr'é-
change, par une compensation réciproque de deux extrêmitez trés-
defectueuses, qui auroient formé deux
situations parfaites de deux dispositions trés-malheureuses, s'il n'y avoit
eu encore une fois que les interêts

F f

des particuliers & ceux du Prince à
menager.

Mais les Sujets qui ne peuvent vivre
& s'enrichir que de precis , mettent
tous ces biens dans un alambic , & en
font évaporer en fumée dix neuf parts
sur vingt ; & de cette vingtiéme , en
donnant une partie au Prince , ils
croyent non seulement s'être bien acquittez de leur devoir , mais même
que ce sont eux qui font subsister son
Etat , & que sans ce fatal secours
tout seroit perdu.

On se met un bandeau devant les
yeux , pour supposer que la garantie
ou le ministére personnel de gens qui
n'ont rien absolument d'eux mêmes ,
est d'une nécessité indispensable pour
faire payer ceux qui possédent tout ,
& que ce cruel service ne peut jamais
être acheté à un assez haut prix.

Et ce qui renchérit encore par la
dessus , est qu'on se forme un monstre
beaucoup plus épouventable , & fait
en quelque maniére honte aux lumiéres de l'homme ; sçavoir , que
n'étant pas douteux que le Prince ne

voulant avoir de l'argent que pour avoir des denrées ; comme pareillement que ses Sujets ne les lui peuvent fournir que par la vente de ces mêmes choses, ainsi que l'on a dit tant de fois : on souffre néanmoins tranquilement, & on regarde même avec admiration des moyens, lesquels pour parvenir à cette fin , abiment vingt fois autant de toutes choses , qu'ils en mettent à profit.

On regarde comme une vision creuse une fable ce que l'on vient de marquer ; savoir, qu'un Souverain n'a de bien qu'autant que ses Sujets en possedent, & qu'ils ne lui feront jamais par de ce qui n'est point en leurs mains , ou n'est ni consommé ni vendu , étant défendu par la nature de donner ce que l'on n'a point , ou qui est anéanti , comme il arrive à tout ce qui ne peut être vendu , ou qui l'est avec perte du Marchand

S'ils ont beaucoup de blez par la culture de quantité de terres , renduë possible par un prix de grains qui suportent les charges & les frais, le

Prince affurément, aura de quoi donner du pain à quantité de troupes.

De même du vin , des habits , de la viande, des chevaux , des cordages, bois de charpente , des métaux dont on conſtruit toutes fortes d'armes , & enfin toutes les eſpéces dont on léve & entretient toutes les Armées de terre & de mer , leſquelles ne reçoivent leur naiſſance , leurs bornes & leurs durées , que du degré de pouvoir plus ou moins, que le Païs a non feulement de les conſommer qui eſt feul ce qui fait tirer ces biens des éntrailles de la terre , parce qu'il faut que les Particuliers en abſorbent pour leur uſage , dix fois plus que le Souverain, ſi l'on veut que cette redevance ſoit ˡᵃ durée , & ſi le Prince a béſoin d'une quantité de denrée , comme des matiéres dont on conſtruit les Vaiſſeaux & armées de mer , dans un degré qui excede la proportion de conſommation dans ſes Sujets ; en ſorte qu'il lui en faille davantage qu'une partie de leur uſage ordinaire, cela ſe remplace par le change qu'il

fait & peut faire d'autres choses qu'il
reçoit en plus haut degré qu'il ne lui
en faut, & il prendra toute la fonte
d'un Ouvrier qui ne travaillera que
pour le Prince seul, parce que lui
seul lui payera toute sa dépense à l'aide de ce qu'il a d'excedant d'autres
redevances qu'il ne peut consommer :
Tout de même comme un Particulier
qui n'a que du blé, comme c'est en
tres-grande quantité, il échange le
surplus de son necessaire contre tout
le reste de ses besoins ou de ses de-
sirs.

Car enfin quelque justice qu'il y
aye dans les tributs dûs aux Princes,
il seroit impossible aux Peuples de
s'en aquiter, s'ils ne trouvoient leur
subsistance dans les moyens que l'on
prend, ou que l'on leur fait prendre
pour y satisfaire ; & il faut même que
cette subsistance précede toutes sortes
de payemens, par une justice qu'on
doit jusqu'aux bêtes, & dont Dieu
fait mention dans la premiére loi qu'il
donna aux hommes.

Le maître d'un cheval de voiture

lui donne sa nouriture, avant que de prendre le profit qu'il tire de son service, ou bien il le perdra absolument, ce qui ne manquera pas de le ruiner sans que personne le plaigne, ni doute de la cause de sa desolation, qu'il s'est attirée par son imprudence.

Qu'un Prince en use de même, lorsqu'il est maître d'un Païs naturellement fecond, & que le Peuple est laborieux, & rien ne lui manquera.

La supposition ou la pratique du contraire, sont un outrage à la religion, à l'humanité, à la justice, à la politique, & à la raison la plus grossiére.

Pourquoi donc dans une Contrée naturellement tres-fertile, voit-on un Souverain qui n'a pas des Armées aussi nombreuses & aussi-bien entretenuës qu'il seroit à souhaiter, & que ses besoins sembleroient exiger, c'est parce qu'il n'a pas assez de pain, de vin, de viande, & enfin de tout le reste à départir ?

Et pourquoi ce défaut ? c'est que

les terres de son Royaume, qui produiroient amplement toutes ces denrées, sont en friche & tres-mal cultivées.

Et pourquoi enfin ce desordre? c'est parce qu'on a lié la bouche non seulement aux bêtes, mais aux hommes contre le Précepte divin, pendant qu'ils travailloient dans le champ.

On leur a refusé leur vie & leur subsistance, & ils ont abandonné le travail.

Qui a fait ce beau ménage? ce sont les Sacrificateurs & les Prêtres de cet Idole, l'Argent.

Il n'a qu'une concurrence à l'égard du Prince avec les autres denrées, & il ne doit être que leur esclave ou leur porteur de procuration, pour la garantie de la tradition future de l'échange, tant envers le Prince qu'entre les Particuliers, qui n'ont qu'un seul & même interest; mais il s'en faut beaucoup que les Prêtres de cet Idole le regardent de même œil.

Toutes ces forces d'Armées & de

Flotes, ou plûtôt de maintien de l'o-
pulence publique, ne font que des
victimes qu'il faut brûler nuit & jour
à cet Autel ; & non content des fruits,
il faut que les fonds prennent une
semblable route, & soient immolez à
ce Dieu, comme il n'est que trop
public en quelques Contrées de l'Europe.

Il y a donc de l'Argent bien-fai-
sant, soûmis aux ordres de sa vocation dans le monde, toûjours prêt à
rendre service au Commerce, soit
qu'il soit besoin de lui faire la moindre violence, pourvû que l'on ne le
dérange pas, & que devant être à al
suite de la consommation, ainsi qu'un
valet à celle de son maître, on ne le
veüille pas faire passer devant, ou
plutôt en former un Vautour qui les
devore toutes.

Tant qu'il demeure dans ces bornes, non seulement il ne le déconcerte pas, mais même il la fomente &
la fait fleurir ; & bien loin de refuser son secours, & que l'on puisse
jamais en avoir disette ; la celerité

avec laquelle il marche fait qu'on le
peut voir en un moment dans cent
lieux differens ; & quand cela ne
suffit pas , il souffre tranquilement la concurrence , & même la
preference, que l'on donne à un morceau de papier ou de parchemin sur
lui , n'y ayant aussi presque aucunes
denrées qui ne le remplacent avec
équivalence par le prix soûtenu de
leur valeur.

Mais il y a de l'Argent criminel,
parce qu'il a voulu être un Dieu au
lieu d'un Esclave , qui après avoir
déclaré la guerre aux Particuliers, ou
plûtôt à tout le Genre Humain , s'a-
dresse enfin au Trône , & ne lui fait
pas plus de quartier qu'à tout le reste,
en lui refusant une partie des be-
soinss dont il met tous les jours une
quantité éfroyable en poudre , étant
même impossible que les choses soient
autrement.

Et le cruel est , que comme l'Ignorance a fait admettre & souffrir sa
tyrannie, elle redouble ses éforts pour
empêcher toute sorte de fin à ces desordres , & fait chercher dans le re-

doublement du mal , le remede de ceux qu'il a caufez.

Cet Argent criminel , ou plûtôt fes Fauteurs , ont la hardieffe & l'éfronterie d'aleguer , lorfque la defolation publique eft dans fon dernier periode, qui eft leur unique ouvrage , que c'eft qu'il n'y a plus d'efpéces , & qu'elles ont paffé dans les Païs Etrangers.

Mais c'eft juftement le contraire, & il y en a trop fi l'on n'en corrompoit pas l'ufage par les maniérés décrites dans ce Mémoire , lequel étant rétabli comme cela fe peut en un moment ; on ne verra rien d'approchant de ce qui paroît aujourd'hui. Si quelques Particuliers ne font pas fi magnifiques , tout le refte ne fera pas fi miferable; & par une jufte compenfation , on fera vingt fois plus riche en general , & par confequent le Prince, que l'on ne l'eft dans la fituation oppofée qui fubfifte , & que l'on combat.

De croire que le reméde du mal puiffe jamais naître des auteurs même, c'eft s'abufer groffiérement.

La corruption du cœur ne permet-
tra jamais que l'on balance dans le
choix, entre une misere innocente &
une opulence criminelle ; sur tout,
lorsque l'un & l'autre se trouvent en
compromis en un si haut degré, que
ce genre de richesse est bien éloigné
de craindre aucune persecution de la
part des personnes qui soient à appre-
hender.

La preference est donnée au dernier
tous les jours à moindre prix ; ainsi
l'on peut supposer ce qu'on en peut
attendre en pareille occasion.

La perfection & le comble, sont
les raisons & les discours qui se répandent, lorsqu'il est question de parler
du remede ; on ne touche de rien
moins que d'un renversement entier
d'Etat, quand on parle de voir s'il
n'y auroit pas moyen de faire cesser
le plus grand boulversement qui fut
jamais.

Et l'on n'a point honte de soûtenir,
par un redoublement d'outrage à la
raison, que l'on ne peut discontinuer
de laisser les terres du milieu d'un

Royaume en friche, & les fruits excrûs au neant, pendant que les Peuples voisins en manquent tout à fait,
jusqu'à ce qu'une guerre étrangere
qui se passe à deux cens lieües de ces
Contrées , soit finie ; bien 'qu'au
contraire son sort bon ou mauvais,
dépende absolument des mesures justes ou mal concertées qu'on prend
au dedans d'un Etat : Or il est aisé de
juger sur ce compte, quel succés on
peut attendre des dispositions telles
qu'on les vient de décrire , quand par
malheur elles se rencontrent , & que
les ennemis en prennent de toutes
contraires, qui sont celles de toutes
les Nations du monde.

Outre que toutes les choses que
l'on aneantit sont seules le soûtien de
la guerre, & qu'elles y ont constamment la principale part , par une ample fourniture aux décisions de la fortune ; la parfaite connoissance que
des ennemis peuvent avoir , que cette
unique ressource des armée sera plus
ou moins de durée chez les Nations
opposées , par rapport à la situation
où

où ils se trouvent à l'égard de ces
mêmes provisions, est uniquement ce
qui les porte à entendre à la paix, qui
doit être l'objet de toutes les guerres,
quelques saintes & quelques justes
qu'elles soient.

Il ne faut qu'un moment pour
changer tout à coup cette malheureuse situation, décrite dans le Mémoire des mauvais effets de l'Argent
criminel, en un Etat tres-heureux.

Il n'est pas question d'agir, il est
necessaire seulement de cesser d'agir
avec une tres-grande violence que
l'on fait à la nature, qui tend toûjours à la liberté & à la perfection.

Comme il n'y a que de la surprise
à l'égard de ces desordres, tant dans
les Princes que leurs Ministres, qui
ont toûjours bien été intentionnez,
leur simple changement de volonté,
sera la fin de tout le mal, & le
commencement d'une opulence generale, & de celle du Souverain par
consequence.

Ils n'ont qu'à souffrir que chaque
particulier soit personnellement le

G g

Fermier du Prince à son égard, & que le prix de ce bail n'excede pas la valeur de la ferme ; ce qui arrivant & ce qui n'est pas inconnu, un Fermier ne peut que prendre la fuite, & laisser la terre en friche, par où le Prince perd pour le moins autant que lui.

Bien loin qu'aprés qu'un malheureux alambic a fait évaporer une quantité éfroyable de biens & de denrées pour former ce fatal precis à son Maître ; que l'impost perdu par le Prince sur les biens aneantis, soit remplacé par ceux qui ont causé ce déperissement, ce qui ne seroit pas même à leur pouvoir : c'est justement le contraire, puisqu'ils ne payent pas même leur correpart d'une juste contribution, par rapport à ce qui reste de biens en essence en leurs mains ; par cette malheureuse coûtume, que la quantité de facultez est une sauvegarde contre les impôts dûs au Prince, qui ne doivent être exigez ou payez que par ceux qui s'en trouvent & en doivent être accablez.

339

Ainſi l'on voit la perte éfroyable
qui réſulte à un Souverain de cette
conduite : mais ce n'eſt pas tout, ou
plutôt ce n'eſt que la moindre partie
du deſaſtre qu'il ſouffre ; & pour le
vérifier, il faut rappeller ce qu'on a
dit cydevant : Sçavoir, qu'un écu
chez un pauvre ou un tres-menu
commerçant, fait cent fois plus
d'effet, ou plutôt de revenu que chez
un riche : par le renouvellement continuel & journalier que ſouffre cette
modique ſomme chez l'un, ce qui
n'arrive pas à l'égard de l'autre,
dans les coffres duquel des quantitez
bien plus grandes d'argent, demeurent des mois & des années entiéres
oiſeuſes, & par conſequent inutiles,
ſoit par corruption du cœur aveuglé
par l'avarice, ou dans l'attente d'un
marché plus conſiderable.

Or ſur cette garde, le Roi ou le
corps de l'Etat ne retirent aucune
utilité, & ce ſont autant de larcins
que l'on fait à l'un & à l'autre.

Mais cette ſomme, comme de mille
écus, départie à mille menuës gens,

auroit fait cent mille mains , dans un moindre tems qu'elle n'a residé dans les coffres de ce riche ; ce qui n'auroit pû arriver , que faisant par conséquent pour cent mille écus de consommation , le Prince en auroit eu & reçû la dixiéme partie pour sa part; c'est-à-dire, qu'il eût reçû la valeur de mille écus sur une somme, à l'égard de laquelle il ne reçoit pas un denier par le dérangement de l'usage que l'on en fait , & que l'on augmente & fomente tous les jours , en lui persuadant faussement , que c'est pour son utilité particuliere que l'on ruine également lui & ses peuples.

Si donc les riches entendoient leurs interêts , ils déchargeroient entierement les miserables de leurs impôts, ce qui en formeroit sur le champ autant de gens opulens ; & ce qui ne se pouvant sans un grand surcroît de consommation , laquelle se répandant sur toute la masse d'un Etat , cette démarche dédommageroit au triple les riches de leurs premiéres avances,

étant la même chose qu'un Maître
qui prête du grain à son Fermier pour
ensemencer sa terre , sans quoi il per-
droit la récolte : Et la pratique du
contraire par le passé , coûte de compte fait à ces Puissances , six fois ce
qu'ils ont prétendu gagner , en ren-
voyant tous les impôts sur les miserables.

Ainsi l'on voit par tout ce Memoire , de quelle force on donne le
change au Prince , lorsque l'on lui
fait concevoir que son interest consi-
ste à entretenir des mediateurs entre
son peuple & lui ; pour le payement
des impôts , qui mettent tout dans
l'alambic pour former ces précis criminels ; mais comme c'est par une des
plus hautes violences que la nature
aye jamais reçûë , le remede est d'autant plus aisé dans les contrées où ce
déconcertement se rencontre , qu'il
n'est pas question , encore une fois ,
d'agir pour procurer une très-grande
richesse , mais de cesser seulement d'a-
gir avec violence ; ce qui absolument
n'exige qu'un instant.

Et aussi-tôt cette même nature mise en liberté, rentrant dans tous ses droits, rétablira le commerce & la proportion de prix entre toutes les denrées ; ce qui leur faisant s'entre-donner naissance & s'entre-soûtenir continuellement par une vicissitude perpetuelle ; il s'en formera une masse generale d'opulence, où chacun puisera à proportion de son travail ou de son domaine, & ce qui allant toûjours en augmentant, jusqu'à ce que la terre d'où partent toutes ces sources, ne puisse plus fournir, on peut supposer quelle abondance de richesses on verroit, si toutes choses, tant le terroir que le reste, étoit autant en valeur qu'il seroit possible à la nature de les y mettre, puisqu'il n'y a point de Contrée si inculte & si stérile, qu'il ne fût aisé de rendre trés-abondante, si le prix des fruits que l'on y recüeilliroit, ne manquoit point de garantie, par rapport aux frais qu'il auroit falu faire pour y parvenir.

Ce qui n'arriveroit néanmoins jamais, si d'autre côté une infinité

d'hommes, qui ne conſomment preſque rien, ſoit dans leur nouricure &
dans leurs habits, par indigéce, étoient
mis en état, comme cela ſeroit aiſé
de ſe pouvoir fournir amplement de
toutes leurs neceſſitez, & méme du
ſuperflus.

On peut dire même que l'on a des
exemples dans l'Europe, de ce ſecours
mutuel que ſe ſont donnez, tant ces
hommes denuez, que ces terres mal
partagées par la nature, leur alliance
eſt un peu & méme beaucoup difficile
à contracter, les commencemens en
ſont trés-rebutans; il faut que le travail & la frugalité marchent long-
tems du méme pied à un trés-haut
degré, mais enfin l'un & l'autre viennent à bout de tout, & ſurpaſſent
méme aſſez ſouvent en richeſſe des
Contrées & des Peuples beaucoup plus
favoriſez du Ciel : les Barbets vivent
commodément dans les rochers des
Alpes; & l'Eſpagne manque preſque
de tout dans un Païs trés fertile &
trés fécond, qui eſt le plus ſouvent
inculte, en quantité d'endroits..

Màis comme c'eſt un chef-d'œuvre de la nature , il faut qu'elle agiſſe dans toute ſa perfection ; c'eſt-à-dire, dans toute ſa liberté pour produire de pareils ouvrages : le degré de dérogeance que l'on apporte à l'un ; Sçavoir, à cette liberté , eſt auſſi-tôt puni d'une pareille diminution , dans l'autre.

Ainſi l'on peut voir pour finir cet Ouvrage , quelle éfroyable mépriſe eſt, de ſe défier de la liberalité ou de la prudence d'une Déeſſe , qui ſçait procurer des richeſſes immenſes dans les Païs les plus ſtériles aux hommes, leſquels avec leur travail veulent bien s'en rapporter à elle , pendant qu'elle laiſſe dans la derniere indigence, ceux leſquels aprés les avoir beaucoup mieux partagez , ne lui marquent leur reconnoiſſance qu'en la voulant reduire dans l'éſclavage . de quoi ils ne viennent malheureuſement à bout, que pour ſe rendre eux-mêmes plus miſerables que des eſclaves.

Cependant elle eſt ſi bien faiſante, & elle aime ſi fort les hommes , qu'au premier repentir elle oublie toutes les indignitez passées, & les comble par conséquent en un moment de toutes les faveurs, ainsi que l'on a dit.

Il n'est question que de luy donner la liberté ; ce qui n'exige pas un plus long-temps que dans les afranchissemens d'esclave de l'ancienne Rome, c'est-à-dire un moment, & aussi-tôt toutes choses reprenant leur proportion de prix, ce qui est absolument nécessaire pour la consommation, c'est-à-dire l'opulence générale, il en résultera une richesse immense.

Le Laboureur ainsi que le Vigneron, ne cultiveront plus la terre à perte & ne seront point par là obligez de la laisser en friche ; & comme ils sont l'un & l'autre les nouriciers de tout le Genre humain, ils ne se verront point obligez de déclarer à la plûpart des hommes, comme ils font présentement en quelques Contrées de l'Europe, qu'il n'y a plus de pain & de vin pour eux, parce qu'ils n'ont pas voulu ou pû payer les frais ordinaires, ou survenus par accident aux

Commiſſionnaires ; ce qu'il ne faut jamais attendre de leur libéralité, ou de leur prudence, quand ils devroient tous mourir de faim l'un aprés l'autre : Ce qui prouve que tout impoſt ſingulier ſur une ſeule denrée, eſt mortel à tout l'Etat, parce que tout y étant ſolidaire, les autres au lieu de partager le fardeau, le lui laiſſent tout entier ; ce qui les ruïne toutes par contrecoup manque d'intelligence, au lieu que les impôts perſonnels par rapport aux facultez génerales de chaque Sujet, ſe répandent & ſe partagent ſur toute la maſſe, & font l'impartition de la charge au ſol la livre ſur chaque denrée qui eſt abſolument néceſſaire pour le commun maintien, & qu'il ne faut jamais attendre de la prudence & de la raiſon des Particuliers qui ne cherchent qu'à ſe détruire, ſur tout dans une Contrée où la deſolation génerale eſt en poſſeſſion de former les plus grandes fortunes.

L'Argent alors par cette ſurvenuë innombrable de concurrens, qui ſeront les denrées même , étans rétablies dans leur véritable valeur , sera rembarré dans ses bornes naturelles , de tyran & de maître , il ne sera plus qu'un esclave , & dont le service même se trouvera le plus souvent inutile; & dans cette hausse éfroyable de mouvemens qui lui surviendroit à la suite de la consommation , une course ou deux davantage chez le Prince, suivies sur le champ d'un retour aussi prêt , seroient imperceptibles , & ne laisseroient pas d'être un doublement de tribut qui bien loin d'incommoder les Peuples , ne seroit que l'éfet de leur crûë d'opulence , toute sortes de redevances tirant leur degré d'exces ou de médiocrité , non de leur quotité singuliére & absoluë , mais des facultez de ceux qui payent ; & ces frequentes visions d'argent , auparavant caché ou paralitique , feroient dire qu'il y en auroit beaucoup à ces mêmes ignorans qui publient que la misere moderne vient du manque d'espéces.

Comme tout cecy ne se peut aux

Païs où ce déconcertement se rencontre, que par une ceffation de maniéres, pour lefquelles quoique trés-ruineufes on croyoit mériter de fort grands aplaudiffemens ; on aura pejne à compréndre & fouffrir que l'on vérifie contradictoirement , que bien loin que de pareils établiffeméns fuffent un fujet de mérite & l'éfet de lumiéres au contraire on leur eft uniquement redevable, tant le Prince que fes Peuples , dune extrême mifere , laquelle ceffera auffi-tôt que la caufe (qui ne pend qu'à un filet du côté de la nature) fera ôtée.

Mais il s'en faut beaucoup que ce foit la même chofe du côté de la volonté, ou plûtôt du cœur , qu'un mort reffufcité , au témoignage de l'Ecriture Sainte , ne convertiroit pas lorfqu'il eft une fois prévenu.

Voila le principe pitoyable de l'alégation, que l'on ne peut fans rifquer un boulverfement d'Etat , ceffer dé ruiner meubles & immeubles depuis le matin jufqu'au foir , pour ne reconnoître d'autre Dieu ny d'autre

bien

bien que l'Argent , qui n'en doit pas faire la milliéme partie dans un Royaume , remply de denrées propres à tous les besoins de la vie ; & qui n'est principe de richesses qu'au Pérou , parce qu'il y est uniquement le fruit du Païs , qui bien loin par là d'être digne d'envie , ne nourit ses habitans que trés misérablement au milieu de piles de ce métail , pendant que des Contrées qui le connoissent à peine ne manquent d'aucuns de leurs besoins.

Pourvû , s'entend , que la liberté ou plûtôt la nature fasse la dispensation de ses presents , puisque la production a été son ouvrage.

Car enfin pour faire un précis salutaire de ces Mémoires , dont l'objet a été de combattre les précis criminels, on peut dire avec certitude que l'opulence génerale , tant à l'egard du Prince que de ses Peuples dans un Païs abondant , est un composé général & perpetuel où chaque Particulier doit travailler à tous momens , par un aport & un remport à

H h

la maſſe toûjours pareil, tant dans
l'un que dans l'autre, le peril étant
égal de quelque côté qu'arrive la diminution ; ce qui étant obſervé
exactement, il en réſulte une compoſi-
tion parfaite où l'on trouve tout,
parce qu'on y aporte tout ; mais du
moment que quelqu'un veut déroger
à cette régle de la juſtice, pour prendre plus ou aporter moins que ſa part,
la defiance alors arivant, ainſi que le
déconcertement de proportions de
prix, la maſſe ſe corrompt, & les
Particuliers qui n'y trouvent plus leur
ſubſiſtance, ſont obligez d'y pourvoir
par des meſures finguliéres, qui ſont
trés deſolantes & preſque toûjours
criminelles, ou plûtôt toûjours l'un
& l'autre.

Chacun périt, ainſi qu'on a marqué, par l'excés d'une denrée & la
difette d'une autre, ce qui jette tous
les Sujets réciproquement dans la
miſére, pendant que la compenſation
mutuelle de ces extrêmitez les avoit
rendus trés heureux.

Il en arive comme ſi quelque Prince

abufant de fon autorité , ce qui n'eft
pas inconnu dans les perfécutions de
l'Eglife naiffante ; fi , dis-je , un
Souvérain , pour tourmenter & faire
périr divers Sujet d'une façon grotef-
que, en faifoit enchaîner dix ou douze
à cent pas les uns des autres , & que
l'un étant tout nud , quoiqu'il fift
grand froid , il eû une quantité éfroyable de viande & de pain auprés de
lui , & plus dix fois qu'il n'en pouroit
confommer avant que de périr , ce
qui ne feroit pas fort éloigne , parce
qu'il manqueroit de tout le refte , &
fur tout de liqueurs dont il n'auroit
pas une goute à fa portée : Pendant
qu'un autre enchaîne dans l'éloignement marqué , auroit une vingtaine
d'habits autour de lui & plus trois
fois qu'il n'en pouroit ufer en plufieurs
années , fans aucuns alimens pour
foûtenir fa vie , & défenfes de lui en
fournir : Un autre à pareille diftance,
fe trouveroit environné de plufieurs
muids de liqueurs , mais fans nuls habits ni alimens , il feroit vray de dire
aprés leur dépériffement qui feroit

immanquable , si la violence se con-
tinuoit jusqu'au bout , qu'ils seroient
tous morts de faim , de froid & de
soif , manque de liqueurs , de pain ,
de viande & d'habits : Cependant il
seroit très-certain que tout pris en gé-
neral , non seulement ils ne manquoient ni d'alimens ni d'habits , mais
que même ils pouvoient sans la force
majeure , être bien habillez & faire
bonne chére.

Et si quelqu'un au fort de leur mal,
avant leur dépérissement entier , im-
ploroit la clemence du Prince pour
les faire déchainer , ce qui se pouroit
en un instant , & ce qui ne manqueroit pas sur le champ de les rendre
heureux par une échange réciproque ,
à quoy ils ne tarderoient pas un moment ; le Prince repartoit , ou ceux
qui le feroient parler , que le tems
n'est pas propre , & que cela pouroit
porter un grand préjudice , qu'en
tour cas il faudroit atendre qu'un
démêle qu'il a à deux cens lieües de la
Contrée où ces malheureux seroient
en souffrance fût terminé ; ne jugeroit-

on pas aussi-tôt, que l'on voudroit
ajoûter l'injure & la raillerie à la
persécution.

Il peut y avoir des Païs sur la terre
où il se passe, non pas à peu prés,
mais à un plus haut degré des exemples d'une pareille conduite, & en
faveur desquels on alegue de pareils
raisonnemens pour son maintien, ou
pour tarder le reméde lorsqu'on parle
de l'aporter comme cela se peut pareillement en un moment.

Mais n'y ayant que de la surprise,
& nulle mauvaise volonté dans les
maîtres du théatre où une pareille séne
se peut passer aujourdhui, on en doit
avec certitude espérer la cessation,
qui sera sur le champ un triplement
d'opulence publique, dont il est autant
impossible que le Prince n'aye pas sa
part, qu'il n'est pas présumable que
l'Etat contraire & desolant qui subsiste n'aporte pas une diminution
éfroyable dans les revenus, tant presens que possibles.

Et dire que cela ne se peut pas en
deux heures de travail & quinze jours

d'exécution , est proferer la même
extravagance que l'on vient de mettre
dans la bouche des Auteur de la violence , que l'on a cy-dessus décrite ou
supofée.

Tout se réduit enfin dans quatre
mots souvent répétez, Sçavoir, que
les Peuples ne peuvent être riches ny
payer le Prince , que par la vente de
leurs denrées : Or si l'on peut en deux
heures de travail , ou plûtôt de cessation de travail , doubler cette même
vente de denrées , comme on ne peut
contester sans renoncer à la raison &
au sens commun , il est d'un pareille
certitude que l'on peut en deux heures
doubler leur richesses , & par conséquent les revenus du Prince , bien
qu'on aye en quelque Contrées de
l'Europe justement pris le contre-pied,
pour parvenir aux mêmes intentions ,
ce qui a produit la desolation publique. Ainsi par le principe naturel que
des causes contraires , on en voit des
éfets de même genre, les censéquences
promifes & marquées dans ce raifonnement , où ces Mémoires ne peuvent

trouver de contredifans parmis les
perfonnes qui voudront bien fe laiffer
convaincre, que l'autorité ny la faveur
ne difpenfent pas qui que ce foit
d'obéir aux loix de la juftice & de la
raifon.

Au refte, l'on croit s'être acquité
de la preuve promife à la tête de ces
Mémoires, de l'erreur qui régne fur
la plûpart des hommes, dans l'idée
qu'ils fe font des richeffes, de l'argent
& des tributs; puifque dans le premier, ils cherchent l'opulence dans
fa propre deftruction, & font cacher
l'argent en le voulant avoir contre
les loix de la nature; tout comme
pour recevoir les tributs, on fe fert de
moyens qui mettent les Peuples hors
de pouvoir d'i fatisfaire, en leur caufãt
une perte de biens, dix & vingt fois
plus forte que la fomme que l'on a
intention de recevoir; ce qui fait que
fouvent le dommage étant certain, le
payement de l'impoft qui la caufe ne
peut pas s'en enfuivre, étant devenu
impoffible; en forte que la ruine eft
tout à fait gratuite; Or de nier que la

ceffation d'une pareille manœuvre ne
foit pas une richeffe immenfe pour les
Peuples & pour le Prince ; c'eft ne
pas convenir qu'un torrent arrêté dans
une pente par une forte digue ne
coulera pas en bas , fi tôt que ce qui
le retenoit fera levé ; ce qui n'exige
qu'un moment.

Fin du Tome fecond.